# 一课一案
## 幼儿园优质案例汇编

李慰宜　主编

华东师范大学出版社

# 目 录

## 小 班

1. 萝卜屋 / 1
2. 鼠宝宝做客 / 3
3. 小兔乐乐 / 5
4. 小白兔和小黑兔 / 7
5. 甜甜的河水 / 9
6. 躲猫猫 / 10
7. 我帮兔爸爸去买菜 / 11
8. 小鱼逃走了 / 13
9. 鸡蛋哥哥 / 15
10. 快乐的小司机 / 17
11. 小动物玩拼板 / 18

## 中 班

1. 爱吃水果的牛 / 19
2. 被澡盆卡住的熊 / 21
3. 春雨 / 23
4. 秋天的雨 / 25
5. 父与子"照镜子" / 27
6. 老公公 / 29
7. 猫捉老鼠几点了 / 31
8. 爱笑的鲨鱼 / 33
9. 帽子床 / 35
10. 多么温暖的礼物 / 37
11. 蘑菇房子 / 40
12. 弟弟追小鸡 / 43
13. 爸爸的手 / 45
14. 会说话的手 / 47
15. 我们的鞋子 / 48
16. 动物餐厅 / 49
17. 转起来 / 50
18. 废物箱 / 53
19. 手机 / 54
20. 我家的电话号码 / 55
21. 买水果 / 56
22. 吃火锅 / 58
23. 幸运拍 / 60
24. 丢失的星角 / 61
25. 鸟儿飞来 / 63
26. 叶子精灵 / 65
27. 花园里有什么 / 67
28. 爷爷一定有办法 / 70
29. 打开冰箱看一看 / 72
30. 在妈妈的肚子里 / 73
31. 小鸡小鸭在一起 / 75
32. 游船 / 77
33. 可爱的家 / 79
34. 小猪的婚礼 / 81
35. 散步 / 82
36. 拾落叶 / 84
37. 过新年 / 85
38. 开汽车 / 86
39. 马路上的灯 / 88
40. 沙啦沙啦 / 89
41. 滑雪 / 91

# 大　班

1. 搬过来搬过去 / 93
2. 鸭子骑车记 / 95
3. 苏菲的杰作 / 98
4. 城里最漂亮的巨人 / 100
5. 母鸡萝丝去散步 / 103
6. 小黑鱼 / 106
7. 九只小猪旅行记 / 108
8. 小老鼠忙碌的一天 / 110
9. 幸福的大桌子 / 112
10. 梦姐姐的花篮 / 114
11. 雨天的歌 / 116
12. 老鼠娶新娘 / 118
13. 克利的微笑 / 121
14. 月亮的味道(一) / 125
15. 月亮的味道(二) / 127
16. 我知道的中国京剧 / 129
17. 玩锁 / 131
18. 台风警报 / 134
19. 好玩的报纸 / 136
20. 昆虫总动员 / 138
21. 我的体重我做主 / 139
22. 探险小勇士 / 140
23. 变与不变 / 141
24. 它到哪里去了 / 142
25. 树木是我们的好朋友 / 143
26. 我是中国人 / 144
27. 谁和谁好 / 147
28. 我们在呼吸 / 148
29. 食物的旅行 / 150
30. 我们的城市 / 152
31. 各种各样的人 / 154
32. 有卡真方便 / 156
33. 我的一卡通 / 158
34. 田鼠太太的项链 / 160

35. 涂色找动物 / 162
36. 挂灯笼 / 163
37. 小鸡的生日 / 164
38. 旅游商品店 / 166
39. 金老爷买钟 / 168
40. 倒计时 / 170
41. 猜左手、猜右手 / 171
42. 民间游戏大家玩 / 172
43. 背太阳 / 174
44. 老鼠嫁女儿 / 176
45. 小房子的新家 / 177
46. 变脸 / 179
47. 美丽的金鱼 / 181
48. 蚂蚁过冬 / 183
49. 运动健儿人人夸 / 185
50. 鸟窝 / 187
51. 叶子小屋 / 188
52. 欢迎你来游浦东 / 189
53. 我们一起摘橘子 / 190
54. 蔬菜音乐会 / 193
55. 我们爱劳动 / 194
56. 音乐游戏"老鼠娶新娘" / 195
57. 小木偶的舞蹈 / 197
58. 瑶族舞曲 / 199
59. 建筑回旋曲 / 201
60. 娃哈哈 / 202
61. 我的故事 / 204
62. 一个一个说 / 205
63. 快乐的小雪花 / 207
64. 母鸡萝丝去散步 / 209
65. 即兴击鼓——五只鸭子 / 211
66. 充气玩具 / 212
67. 形影不离 / 214

## 附录：现场展示案例

1. 一颗纽扣(小班数学活动) / 216
2. 云朵棉花糖(小班语言活动) / 218
3. 上海欢迎你(中班绘画活动) / 220

4. 一根羽毛也不能动(大班综合活动) / 221
5. 买菜(大班音乐活动) / 223
6. 鸭子骑车记(大班早期阅读活动) / 224

# 前　言

　　幼儿园质量保证的关键是要有好的教师。应用适宜的教育教学方法,让每个孩子享受到适宜的教育,从而为孩子将来的成长打下良好的发展基础,是我们大家共同的愿望。

　　本书中,突出的是对幼儿园教师胜任力的培养。幼儿园教师的胜任力特征主要表现在专业知识、专业技能和专业态度三个方面。其中专业技能是幼儿园教师运用专业知识解决专业问题的能力,它分为信息收集技能、决策技能和执行技能等三个方面。专业技能是幼儿园教师胜任力的核心,而教育教学技能又是教师胜任力的具体表现,是评价幼儿园教师教育教学水平的重要标志。

　　上海至上李慰宜教师培训学校办学十年来,秉承提高幼儿园教师教学胜任力的愿望,立足教育实践培训,以主题化教学为类别,与来自一线幼儿园的学员们共同开发研制一系列优秀的教学案例,通过不断更新案例和活动设计内容,开发研制了一批具有启示作用的教学辅助手册。本书就是再一次精选汇编以上教学辅助手册中的典型案例,供广大幼儿园教师参考使用。

　　本书与至上教育出品的经典电视教案系列《一课一案》光盘异曲同工,通过文字与视频的不同功能,形象、立体、多维聚焦不同类型的名师课堂、优秀案例和专家深入浅出的探讨,层层"解码"一课一案,将教育教学理论与实践过程形象再现。

　　本书的出版,凝聚着我校全体教师们的辛勤耕耘、学员们的执着勤奋,承载着太多的欣喜、感动和期待。希望它在幼儿园的寻常时刻,成为每一位幼儿园教师提高教育教学能力的最佳帮手。

编者

2011 年

# 1. 萝卜屋

## 活动目标

1. 尝试观察画面,了解小猪不小心吃掉小兔的萝卜屋后道歉、邀请同住、盖新房过程中的有关情节。

2. 愿意大胆说说小猪和小兔角色之间的对话,初步感受同伴间相亲相爱的情感。

## 活动准备

故事画面。

## 活动过程

一、导入

图1(路边有个大萝卜,上面有扇窗,有扇门,那是小兔的家)

师:见过萝卜吗? 我们来看看萝卜的样子。

师:有几只萝卜? 它们一样吗? 哪里不一样?

幼:颜色不一样/大小不一样。

师:这个粉红色的萝卜怎么样啊?

幼:这个萝卜特别大,超级大。

师:大萝卜用来做什么呢? 瞧! 开扇窗、开扇门。(停顿)

幼:这是萝卜房子/是小兔的家。

师:对! 真的是一幢萝卜屋。屋就是房子的意思。路边有个粉红色的大萝卜,开扇窗、开扇门,那是小兔的家。

师:你们喜欢自己的家吗? 家里有什么特别高兴的事情吗?

幼:一家人在一起很开心的;爸爸妈妈接我回家以后,在家里洗澡很开心的。

师:家就像一个城堡可以遮风挡雨,家又像一盏灯给我们温暖。有家真好! 小白兔和你们一样可喜欢他的家了。

二、观察讲述

1. 图2(小猪走过来,"阿呜阿呜",把大萝卜吃了)

师:有一天小白兔出门去了。来了一只小猪,他在干什么?

幼:他在吃大萝卜呀。他说:大萝卜营养好! 他阿呜阿呜吃得好香!

2. 图3(小兔回来,找不到自己的家,伤心地哭起来)

师:(夸张)小兔小兔你怎么哭啦?

幼:他看见小猪在吃萝卜房子,他的房子快要没有了,他哭得牙齿也痛,要去拔牙了。

师：小兔的房子是用萝卜做的，现在小兔没有家了。

3. 图4（小猪说："对不起，我不知道那是你的家。今晚你到我家去住吧！"）

师：小兔的表情怎么样？小猪看见才发现自己不小心干了坏事，该怎么办呢？

幼：对小兔说：对不起！安慰他说：对不起，我不知道那是你的家。

师：小兔没有家可怎么办？小猪赶紧为小兔想办法，他能想些什么办法呢？

幼：造一幢新房子，买一幢新的房子，搭一个帐篷让小兔住在里面，再种一个萝卜。

师：小猪想呀想，觉得这些办法都不合适，突然他想到自己的房子，高兴地说：有了！他想到什么好主意？

幼：小猪可以请小兔住到他的家里去。他对小兔说：小兔，你别伤心，请你到我家去住吧！

4. 图5（他们一起来到小猪的家）

5. 图6（进门一看，小兔惊叫起来："哎呀！你家太脏了！"）

师：小兔进门一看，惊叫起来："哎呀！"他看见了什么？小猪的家怎么啦？

幼：牛奶倒翻了，饮料也翻了，冷饮倒翻了，墙上的镜框要掉下来了……

师：现在怎么办？

幼：花瓶放在桌子上，桌布铺整齐，镜框挂在墙壁上，放放正。

师：在地上小熊玩具该把它送到哪里？

幼：小熊玩具放在小猪的床上，放在玩具柜里……

6. 图7（他们立刻动手把屋子打扫干净，睡在干净的屋子里真舒服呀！）

师：瞧！小兔和你们一样都是爱劳动的小朋友，立刻就把屋子打扫干净。现在小兔和小猪感觉怎么样？

幼：睡在干净的屋子里真舒服呀！

师：小兔会原谅小猪吗？看看图画想一想。

幼：小猪悄悄地对小兔说："谢谢你原谅了我。""明天我请朋友一起给你造幢新房子吧！"

7. 图8（天亮了，小猪和伙伴们一起给小兔 盖了座漂亮的新房子）

师：天亮了，朋友们都来帮小兔造房子，他们是谁？他们都在干什么？（动作暗示）

幼：小白兔在搬运，小熊在敲钉子，小猪在搅拌沙土，小狗在砌砖头。

8. 图9（小兔高兴地说："谢谢小猪！谢谢大家！"）

师：房子怎么样？现在的房子有哪些地方更漂亮了？

师：小伙伴们帮助了小白兔，他会怎么说？

三、听音乐完整讲述故事

### ▨ 附故事

#### 萝 卜 屋

　　路边有个大萝卜，上面有扇窗，有扇门，那是小兔的家。小猪走过来，"阿呜阿呜"，把大萝卜吃了。小兔回来，找不到自己的家，伤心地哭起来。小猪说："对不起，我不知道那是你的家。今晚你到我家去住吧！"他们一起来到小猪的家，进门一看，小兔惊叫起来："哎呀！你家太脏了！"他们立刻动手把屋子打扫干净。睡在干净的屋子里真舒服呀！天亮了，小猪和伙伴们一起给小兔盖了座漂亮的新房子。小兔高兴地说："谢谢小猪！谢谢大家！"

# 2. 鼠宝宝做客

## 活动要求

1. 了解鼠宝宝上奶奶家做客的情节,并能用语言表达。
2. 体验奶奶爱宝宝、宝宝爱奶奶的情感。

## 活动准备

大图书、玩偶老鼠。

## 活动过程

一、引起兴趣

1. (出示玩偶老鼠)看,今天来了什么小客人?

2. 你们看,鼠宝宝有个大口袋,想不想摸一摸?(摸摸口袋是鼓鼓囊囊的)猜猜他的口袋里是什么?

3. 想不想看看口袋里到底是什么?(拿出糖)鼠宝宝带着一口袋的糖去干什么呢?

二、阅读大图书

1. 鼠宝宝说:今天他要去奶奶家做客。

2. (阅读第1页至第5页)鼠宝宝在奶奶家做什么?奶奶是怎么招待鼠宝宝的?奶奶看见鼠宝宝心情怎么样?你是从哪里看出来的?(让幼儿找找书上奶奶高兴的图片。奶奶看见鼠宝宝后,一直是很高兴的。奶奶很爱鼠宝宝。)

3. (阅读第6页至第7页)你们看到什么?(天黑了,鼠宝宝走了)奶奶现在怎么样?谁来找找这张图片?(引导幼儿发现奶奶的表情是难过、孤单的)为什么奶奶会觉得孤单呢?

4. 笃笃笃,谁在敲门?

5. (阅读第8页)鼠宝宝怎么又回来了?你们看鼠奶奶怎么样?(幼儿模仿惊讶的表情)鼠宝宝为什么又回来了呢?(幼儿自由猜,教师可出示大口袋提示)

6. 真的像你们说的这样吗?(阅读第9页至第10页)谁想演鼠宝宝?(教师和幼儿表演送糖一段)

7. 你们爱自己的爷爷奶奶、外公外婆吗?你们下次碰到他们时,给他们吃一样好吃的东西,再对他们说一句"我爱你",好吗?

## 附故事

### 鼠宝宝做客

一天,鼠宝宝想奶奶了,去奶奶家做客。他敲敲门说:"奶奶,我来了。""噢,宝宝来了,快进来吧!"奶奶赶紧来开门。

鼠奶奶看见鼠宝宝来了真开心,她让鼠宝宝先洗洗手,请他吃花生,"嘿,花生真香呀!"鼠奶奶请鼠宝宝吃饼干,"饼干真甜呀!"吃完花生和饼干,"再喝一杯牛奶吧!"鼠宝宝吃得真开心。

太阳快要落山了,鼠宝宝对奶奶说,:"谢谢奶奶,我要回家了,再见。"鼠宝宝走了,奶奶一个人好孤独呀!不一会儿,"笃、笃、笃!"敲门声又响了。鼠奶奶打开门,咦,鼠宝宝怎么又回来了?"奶奶,我有水果糖,很甜的,给你吃。"鼠奶奶眯眯笑,一把抱住了鼠宝宝,夸鼠宝宝是个懂事的好孩子。

# 3. 小兔乐乐

## 活动目标

1. 在观察理解中了解有关小兔乐乐的故事情节,愿意学说完整的句子。
2. 愿意关心帮助他人,体验关爱他人、帮助他人的快乐。

## 活动准备

录音、大图书。

## 活动过程

一、引趣

(出示一个大萝卜)

教师:这是什么? 大萝卜,你们知道什么小动物最爱吃大萝卜吗?

教师:小兔是怎么吃大萝卜的?

教师:嘿,小兔小兔,咱们一起到大森林里去找大萝卜吧。

(在音乐的伴随下,教师和幼儿一起找萝卜、吃萝卜。)

二、说说讲讲

画外音:哎哟,哎哟,好累啊,好累啊,哎哟,哎哟。(画面:小兔拔萝卜,满头大汗,气喘吁吁。)

教师:是谁呀?

教师:小兔在干吗? 他怎么了?

教师:那我们一起来帮帮他好吗? 我们一起对小兔说:"小兔小兔,我们来帮助你。"

(画外音:好的,好的,谢谢你们,让我们一起来用力,加油吧! 一二三,加油,一二三,加油。噢……拔出来咯! 拔出来咯!)

(画面:小兔拔起了萝卜)

(画外音:谢谢小朋友,谢谢你们的帮忙。)

教师引导:不用谢,不用谢,这是我们应该做的。

(画外音:我叫乐乐,欢迎你们到我家来做客,再见了!)

教师引导:小兔乐乐再见。

三、阅读理解

教师:刚才我们小朋友可真了不起,大家一起做了一件大好事,帮助小兔拔出了大萝卜。

教师:小兔乐乐可开心了,小兔乐乐扛着萝卜走在回家的路上还会发生什么事情呢? 我们一起去看看好吗?

(幼儿阅读大图书)

教师:刚才你们看到了什么?

教师:刚才小朋友说小兔乐乐又遇见了一只小兔,是真的吗? 让我来找找看好吗?

（教师翻图书，出示小兔乐乐遇见小兔菲菲的图页）

教师：小兔乐乐在干嘛？（理解云记号的意思）

（出示第二幅图。）

教师：瞧，小兔们在干嘛？

教师：哇，他们吃得可真香，我们也来学学他们好吗？

（师幼模仿游戏。）

（画外音：轰隆隆，轰隆隆。）

教师：发生什么事了？

教师：我们去看看到底发生什么事了，好吗？

教师：你从哪里看出来下雨了、打雷了？（认识雨和闪电的标记）

教师：这可怎么办呀？

（幼儿想办法，完整表述。）

教师：刚才你们想了那么多好主意，真了不起，不知道小兔们想了什么办法呢？我们来看看好吗？

教师：哇，他们这个办法也不错，我们也来试试看好吗？谁愿意来做小兔乐乐，谁愿意来做小兔菲菲？

（师幼共同表演。）

## 附故事

### 小 兔 乐 乐

　　有一天，小兔乐乐出门去玩，在路边发现了一个大萝卜，他欣喜万分，决定把萝卜带回家。小兔乐乐拉住大萝卜的叶子使劲拔呀拔，费了九牛二虎之力才把大萝卜拔出来。回家路上，小兔乐乐遇上了好朋友——小兔菲菲。小兔乐乐高兴地把大萝卜的事告诉了小兔菲菲，还请小兔菲菲一起品尝美味可口的大萝卜。正当他们大口大口地咬着大萝卜，吃得津津有味时，天空乌云密布，电闪雷鸣，一场大雨就要来临。小兔乐乐和小兔菲菲急中生智，想出了一个好主意。他们把吃剩下的一半大萝卜盖在头上，当成一把"萝卜伞"。大雨落下来了，小兔乐乐和小兔菲菲一点也不担心，豆大的雨点打在"萝卜伞"上噼噼啪啪作响，小兔乐乐和小兔菲菲开心极了。

# 4. 小白兔和小黑兔

## 活动目标

1. 观察小兔子的表情、动作,尝试想象小兔子的心理活动以及角色之间的对话。学用响亮的声音讲述画面的内容。

2. 体验好朋友之间相互帮助、相互关心的情感。

## 活动准备

故事画面、小兔头饰、录音机、磁带。

## 活动过程

一、观察画面(1):小白兔看见萝卜了

师:今天天气真好,谁来了? 小白兔会到哪里去?

幼:拔萝卜、摘树叶、出去玩。

师:小白兔看到萝卜会怎么做呢?

幼:让萝卜滚动起来,把萝卜拖、搬、抬回家,请人把萝卜运回去……

二、观察画面(2):小白兔拔萝卜

师:小白兔心里在想什么?(出示云记号,幼儿讲述)这个记号是小白兔脑子里想的东西,叫云记号。

师:我们一起来试一试(一起做拔萝卜动作)。还是没有拔出来,小白兔怎么样?

幼:他汗流浃背了。

师:汗流浃背这个词语真好听,大家学一学。

师:大萝卜拔不出来小白兔不能吃了,怎么办?

幼:大卡车来运上去,找好朋友帮忙,请驾驶员帮忙,就拔小萝卜来吃。

师:这时小白兔又想到了谁? 云记号里是什么?

幼:遇到困难可以请好朋友帮忙。

老师戴头饰和幼儿一起表演。

三、观察画面(3):小黑兔送小白兔回家

师:小黑兔看见好朋友哭了,小黑兔会怎么帮好朋友呢?

幼:别哭,别哭,我来帮助你。别怕,我来帮助你,我们一起回家吧!(把耳朵捂住就可以。)

四、游戏体验

两个人抱一抱,发现每个人都有自己的好朋友,模拟和好朋友到草地上玩,三个、四个手拉手,变成好朋友了。

### 附故事

#### 小白兔和小黑兔

一天,小白兔出去玩,走着走着,突然发现地上有一只大萝卜。小白兔高兴极了,心想:我要和好朋友小黑兔一起吃。

可是萝卜太大了,小白兔拔得满头大汗,气喘吁吁,还是没能拔出来。怎么办呢? 小白兔想去找小黑兔帮忙。

来到小黑兔的家,小白兔对小黑兔说:"小黑兔,我发现了一只大萝卜,你和我一起去拔萝卜好吗?"小黑兔说:"好的,好的。"

两个好朋友一起用力拔萝卜,"嗨哟——嗨哟——"萝卜终于拔出来了。小白兔和小黑兔高兴地抬起萝卜准备回家。

这时,"轰隆隆——"打雷了。小白兔害怕得哭了起来。小黑兔就对小白兔说:"不要怕,不要怕,我会保护你的。"

小白兔不哭了,他对小黑兔说:"谢谢你,你真是我的好朋友。"

太阳出来了,两个好朋友高高兴兴地回家吃萝卜了。

# 5. 甜甜的河水

■ 活动目标

1. 知道糖能溶化使水变甜,愿意和同伴分享。
2. 尝试用肢体动作表现棒棒糖搅拌的动作,感受音乐活动的快乐。

■ 活动准备

《王老先生有块地》音乐录音、棒棒糖若干、温水杯若干、"甜甜的河水"故事画面。

■ 活动流程

一、甜甜的棒棒糖

1. 观察故事画面:小兔有根棒棒糖。
2. 交流:这是一根怎样的棒棒糖?
3. 甜甜的糖有各种各样的味道、形状,我们都喜欢甜甜的糖,可是多吃会蛀牙。

二、一根棒棒糖

1. 边听故事,边看故事画面。
2. 交流:朋友们都想吃棒棒糖,可是只有一根,怎么办? 一根棒棒糖怎样和许多朋友分着吃?
3. 演示:小兔将糖溶化在水中的办法。
4. 交流:糖会溶化在水中吗? 水会有什么变化?

三、快乐的棒棒糖

1. 操作:幼儿将棒棒糖放在杯中。
2. 模拟:
(1) 我是一根棒棒糖(幼儿用肢体动作扮演棒棒糖)。
(2) 会搅拌的棒棒糖:
● 欣赏音乐——棒棒糖是怎样搅拌的?
● 动作再现——用肢体动作表现棒棒糖的搅拌(有节奏、创造性地表现)。
● 故事穿插——幼儿多次表现。

四、甜甜的河水

操作品尝:水变甜了吗? ——尝尝我们的水。

# 6. 躲猫猫

**活动目标**

1. 通过游戏活动,继续了解游戏规则的重要性,体验游戏活动的快乐。
2. 进一步积累三角形、正方形、圆形等基本特征的相关经验。

**活动准备**

1. 插入材料:小兔躲猫猫。
2. 红、黄、蓝三色大小不同的圆形、三角形、正方形房子若干。
3. 长耳朵、红眼睛、短尾巴饰品若干。
4. 黄色三角形一个、萝卜卡片若干。

**活动过程**

一、找小兔

1. 师:今天老师请来了动物朋友,猜猜是谁?(音乐)一起看看是谁?(画面)
2. 找找小兔躲在哪里,引导幼儿说说他们躲在哪里,并点数三角形的角和边……

二、扮小兔

1. 师:我们也来扮小兔做躲猫猫的游戏,老师想扮兔妈妈,你想扮谁?
2. 教师鼓励孩子根据角色进行装扮(长耳朵、红眼睛、短尾巴)。

三、躲猫猫

1. 介绍游戏背景和玩法:这里有什么房子? 它们是什么形状?
2. 第一次玩躲猫猫:(师)兔妈妈去找小兔,启发小兔试着说说:我躲在了＊＊形的房子里(与宝宝交流:为什么妈妈找不到或找到宝宝的原因,体会说清自己躲藏的图形屋,妈妈才能找到自己)。
3. 第二次玩躲猫猫:引导小兔躲的时候声音轻轻的,小手小脚藏得好好的,听到妈妈的指令再去躲,并启发小兔完整地说说:我躲在了哪里(与宝宝交流:为什么妈妈找不到或找到宝宝的原因)。
4. 第三次玩躲猫猫(手机响起,妈妈接听并与兔宝宝商量是否同意鸭妈妈一起来玩躲猫猫游戏)。

(1)引导宝宝看提示板、听妈妈指令轻轻地找个图形房子躲起来,并启发小兔完整地说说:我躲在了哪里(与宝宝交流:为什么鸭妈妈找不到或找到宝宝的原因)。

(2)跟着鸭妈妈到教室里再玩躲猫猫的游戏。

# 7. 我帮兔爸爸去买菜

### 活动目标

1. 尝试用圆或椭圆表现萝卜、蘑菇等蔬菜的简单特征,积累有意识地画封闭的圆的经验。
2. 在帮兔爸爸买菜、送菜的游戏情境中,体验帮助朋友的快乐。

### 活动准备

1. 利用教室的一角创设小兔家的场景,提供小兔爱吃的仿真食物,在观察照顾小兔的游戏情境中,了解小兔的习性,喜欢亲近小兔。
2. 模拟菜场:提供青菜、蘑菇、萝卜、胡萝卜四种真实蔬菜。每人一个纸制提篮。
3. 绿色纸剪成的大小青菜每人两棵、彩色水笔、固体胶。

### 活动过程

一、导入情境

今天早晨,我接到兔妈妈的一个电话,兔妈妈在电话里说,她有急事出去了,只有小兔一个人在家里,兔爸爸还没有回来,要请小朋友帮忙照看小兔。

教师带领幼儿来到小兔家,发现小兔还在睡觉。"小兔子,快起来,太阳都照到屁股上了。"小兔醒来,发现桌上有一张兔妈妈写给兔爸爸的纸条,上面写着:亲爱的兔爸爸,我有急事出去了,中午才能回来。今天是小兔的生日,请你准备好吃的东西,晚上我请了很多兔子朋友来我们家做客。

小兔高兴极了,我的爷爷奶奶、外公外婆还有哥哥姐姐们都要到我家来玩了,真高兴!可是我爸爸到现在还没有回来,今天我做小当家,我来准备好吃的东西。

可我家里好吃的东西放在哪里?(幼儿回忆平时游戏的情境,共同寻找好吃的东西)依次打开标有萝卜、胡萝卜、青菜和蘑菇的盒子,发现盒子里什么东西都没有,全部吃完了。这可怎么办呢?等到兔爸爸回来说不定客人已经来了,怎么办呢?请幼儿思考哪里能买到小兔爱吃的食物?(菜场)

二、买菜

1. 观察菜场里的菜,找找哪些是小兔喜欢吃的蔬菜?(青菜、蘑菇、萝卜、胡萝卜)鱼是小猫喜欢吃的……

2. 讨论表现方法:

(1)装萝卜:这两个都是萝卜,它们什么地方长得不一样呢?白萝卜是圆圆的,穿着白色的衣服;胡萝卜是长长的,穿着橘黄色的衣服,先装哪一个呢?(幼儿决定)请两个幼儿一起上来装白(胡)萝卜,比较装的萝卜是否新鲜?(提示圆圆的萝卜是新鲜的萝卜,有的萝卜上还有叶子)如装的是胡萝卜,穿着橘黄色的衣服(提示颜色鲜艳、没有小洞洞的是新鲜的胡萝卜)。

(2)装蘑菇:请两位幼儿上来演示,蘑菇伞和蘑菇柄要连在一起才新鲜(根据实际情况而定,可以放在幼儿创作过程中进行)。

（3）装青菜：提供事先准备好的"青菜"（剪纸青菜）粘贴在篮中空白处（丰富画面）。

三、大家一起来买菜

观察与提示：

1．谁的篮子中的蔬菜品种最多？及时发现并与同伴交流。

2．是否挑选最新鲜的蔬菜装在篮子里（能否有意识地表现封闭的圆）。

3．能否把自己的菜篮装满（注意作品的丰满）。

四、送菜

1．提着篮子将买好的菜送到小兔家。

2．相互欣赏：说说我帮小兔买了什么菜？看看篮中的蔬菜是否新鲜？

3．为小兔唱生日歌。

# 8.小鱼逃走了

## 活动目标

1. 尝试画圆并添加线条组合画成小鱼等图像和符号。
2. 乐于用绘画的方式大胆想象找朋友的情景,体会回到朋友中间的快乐。

## 活动准备

炫彩棒、绘本《小鱼逃走了》画面、剪贴画。

## 活动过程

一、漂亮的小鱼

1.(出示剪贴画)瞧! 这是一条蓝蓝的小河,你们看是谁来了? 原来是一条美丽的小鱼。他长得什么模样呀?

圆圆的大身体,圆圆的小眼睛,还有一条肉骨头似的小尾巴真可爱。

2. 你愿意做一条小鱼吗? 请游到水里来吧(几位幼儿绘画)。注意身体和尾巴的大小、颜色、鱼尾巴的方向,和幼儿互动:"许多小鱼游来了,我们已经看见了小鱼圆圆的身体了,还有什么地方没看见?""还有一条小鱼也游来了,大家好!"

许多小鱼都游来了,小鱼和朋友在一起游玩真快活,有朋友真好!

二、小鱼逃走了

1.(鱼缸画面)有一条小鱼却一点儿都不开心。他为什么不开心呀?(画外音:"我一个人在鱼缸里没朋友,太寂寞了,我决定逃走,去找朋友!")

2.(窗帘画面)小鱼逃去哪儿了? 窗帘上都是什么啊? 你们找到小鱼了吗? 小鱼和圆点是不是有点像呢? 哪儿最像?

圆点点说:"嘿,小鱼,我们是红红的,你也是红红的,我们是圆圆的,你也是圆圆的,就留在窗帘上吧。"

3.(瓶子画面)小鱼"嗖"地一下逃走了,这回逃到哪里去了? 找到他了吗? 原来掉进了糖果罐里,糖和小鱼有什么不一样呢?(圆溜溜的身体,还长着两条小辫子)糖果说:"嘿,小鱼,就留在这儿享受甜蜜吧!"小鱼会留下吗?

4.(玩具屋画面)小鱼又从糖果盖的缝隙里逃走了,这回逃去了玩具屋,还能找到小鱼吗? 玩具屋里的好朋友可真多! 哪些朋友也是圆圆的呢? 玩具们说:"小鱼,和我们一起玩吧,你就留下吧。"

5. 小鱼又逃走了,这下会去哪儿呢(幼儿想象)?

三、小鱼逃走了(幼儿模仿小鱼)

1. 小鱼们,赶快逃走,逃到纸上来(画小鱼)。

2. 小鱼还想逃去哪儿,会看见谁呢?(添画相关的景物,教师及时捕捉幼儿自己创造的图像,运用添画的方式补充演示的画面)

3．大家都欢迎小鱼留下，小鱼又逃了，逃去哪里，看到谁？（在反复逃和找到朋友的过程中，补充画面）

四、小鱼躲在哪儿

1．一起来找找小鱼。"小鱼小鱼在哪里？"

2．欣赏幼儿作品，从画面上边说说猜猜小鱼躲在哪儿？那里还有谁？

3．（欣赏大池塘画面）：小鱼又逃走了，逃去了大鱼池，能找到这条可爱的小鱼吗？和其他朋友有什么不同？小鱼说："我回家了，这才是我的朋友，大家在一起是多么的快乐，我再也不逃走了。"

结束：小鱼们，你们找到朋友了吗？让我们和自己的鱼朋友拥抱一下，一起回家吧。

# 9. 鸡蛋哥哥

## 活动目标

1. 尝试画封闭的圆,并添加线条画成小鸡等形象。
2. 愿意像了不起的鸡蛋哥哥那样学着做自己能做的事情。

## 活动准备

炫彩棒、《你好,鸡蛋哥哥》和《加油,鸡蛋哥哥》部分画面、小草背景、山坡背景。

## 活动过程

一、鸡妈妈生蛋

1. 观察图一。鸡妈妈在青草地上生下了许多蛋宝宝,蛋宝宝是什么样子的?(圆圆的)

2. 鸡妈妈说:"我生了好多蛋,还有些蛋生在草堆里。"大家快帮鸡妈妈把鸡蛋找出来吧。(幼儿画圆表示找到的鸡蛋,共同分辨找到的是不是鸡蛋。)

3. 教师画一个较大的封闭的圆,鸡妈妈说:"这个蛋壳特别厚、特别硬的大鸡蛋也是我的宝宝,就叫他鸡蛋哥哥吧。"

4. 幼儿用炫彩棒涂染鸡蛋宝宝,教师涂染鸡蛋哥哥。

二、小鸡出壳了

1. 观察图二。鸡妈妈天天孵蛋,会孵出谁呢? 过了好多天,"笃笃笃",一只小鸡啄破薄薄的蛋壳钻出来了。

2. 小鸡长得什么样?(长着什么样的嘴巴、什么样的眼睛? 两只小腿长得是长还是短? 小脚上还有什么?)哦! 可爱的小鸡,黄黄的衣裳,尖尖的嘴巴,亮亮的眼睛,短短的腿,真漂亮!

3. 听! 好多小鸡都啄破薄薄的蛋壳钻出来了,鸡蛋哥哥的蛋壳特别厚,他还啄不破呢!(幼儿参与画以下的部位)

(1)尖尖的小嘴已经啄破蛋壳了(动作互动:咱们一起帮小鸡啄破蛋壳好吗)。

(2)明亮的眼睛已经看见鸡妈妈了(语言互动:小鸡圆圆的眼睛看见鸡妈妈了。鸡蛋哥哥还在蛋壳里努力)。

(3)短短的小脚站起来了(动作、语言互动:慢慢伸,轻轻踩,小腿小腿伸出来)。

4. 鸡蛋哥哥钻出来。

(1)鸡蛋哥哥的蛋壳又大又硬,他始终没有把蛋壳打开。

(2)鸡妈妈说:"宝宝,要我帮忙吗?"鸡蛋哥哥说:"不,我自己钻出来!"鸡蛋哥哥"笃笃笃"地用尖尖的小嘴啄破了坚硬的蛋壳,睁开眼睛看看:"哇! 妈妈你好! 大家好!"(画一画嘴巴和眼睛)鸡妈妈说:"慢慢伸,轻轻踩,小腿小腿伸出来! 好勇敢的鸡蛋哥哥!"(画一画腿和爪子)

三、和鸡蛋哥哥一起走

1. 观察图三。鸡宝宝一天天长大,鸡妈妈说:"宝宝,该自己去捉虫了。"鸡宝宝摇摇头说:"不要不要,我要妈妈抱,我要妈妈喂。"只有鸡蛋哥哥说:"妈妈,我要自己捉虫吃!"只见他挺起

胸,勇敢地大步向前走。

2. 我们都来做鸡蛋哥哥,画纸就是一片草地,鸡蛋哥哥快步走到草地上(幼儿画一只小鸡表示鸡蛋哥哥)。

3. 其他鸡宝宝也跟着鸡蛋哥哥走(幼儿添画几只小鸡)。

4. 鸡蛋哥哥走到草地上会看见什么? 做些什么?(教师用情景性语言适时介入,及时给予幼儿鼓励,例如:"鸡蛋哥哥看见一块大石头,勇敢地跳过去。""鸡蛋哥哥看见小花、大树时说:'小花姐姐们,你们好漂亮! 大树哥哥,你长得真高!'""鸡蛋哥哥遇见了好朋友小兔,和小兔一起晒太阳!""小鸡们说:'鸡蛋哥哥,我们跟你一起去晒太阳、捉小虫。'鸡蛋哥哥说:'好呀!'")

四、了不起的鸡蛋哥哥

1. 出示情景画面。前面有一个小山坡,鸡妈妈正在山坡上等着自己的宝宝呢! 鸡蛋哥哥大胆地登上了山坡(在山坡背景上贴作品,表示鸡宝宝登上山坡)!

2. 在音乐声中,幼儿欣赏画面,按照画面内容模仿鸡蛋哥哥进行情景表演。

3. 瞧瞧! 我们都是了不起的鸡蛋哥哥! 鸡妈妈真高兴:"我的鸡宝宝真能干!"

# 10. 快乐的小司机

## 活动目标

1. 在游戏中感受音乐节奏的快慢变化,并乐意模仿小司机的动作。
2. 体验车辆给我们带来的方便。

## 活动准备

1. 歌曲《汽车开来了》和快慢音乐各一段。大的玩具汽车帐篷若干(幼儿可以钻进去活动的玩具汽车)。
2. 去郊游和汽车开过的场景 6 幅。

## 活动过程

一、汽车开来了

1. 幼儿听着音乐,开着大玩具汽车进教室。

2. 你们在干什么啊?(开汽车)

哦,原来你们是小司机啊,请小司机们把小汽车停下来,听着音乐再开一遍。

(玩具汽车停在原地,幼儿听音乐模仿小司机的一些动作。)

3. 小司机们,刚才你们是怎么开车的?

(幼儿交流不同的开车动作。)

二、快快开和慢慢开

1. 现在我也当司机,也要听着音乐去开车,不过这次开的路可不一样哦,有时要开得快,有时要开得慢,音乐会告诉我们的,请你仔细听。(欣赏快慢交替的音乐)

2. 讨论:汽车什么时候开得快?什么时候开得慢?

3. 根据幼儿经验,配上快快或慢慢的音乐,并让幼儿随着音乐不同速度做一做。

4. 让我们一起来开汽车。

(听着音乐来开车,引导幼儿注意音乐节奏的变化,并用相应的动作表现。)

三、快乐的小司机

1. 你们的本领真大,今天我们要一起开车去郊游!

看看我们郊游的时候会经过哪些地方?汽车是怎么开的?汽车开到什么地方可以快快地开?什么地方可以慢慢地开呢?

(播放快慢交替的背景音乐和车子经过的地方)

2. 刚才我们的车子开过什么地方是慢慢的,开过什么地方是快快的?为什么?

3. 让我们一起去郊游吧!一边看课件,一边跟着音乐开车,表现经过不同的地方时音乐节奏快慢的变化。

4. 结束:小司机们,让我们开上刚才的小汽车回家吧!

# 11. 小动物玩拼板

■ 活动目标

1. 听信号向指定方向跑,并找到自己的站位。
2. 体验和同伴一起游戏的快乐。

■ 活动准备

人手一块拼板、音乐。

■ 活动过程

一、热身:小动物开车
1. 教师和幼儿扮演小动物,人手一块拼板在音乐的伴奏下学开车。
2. 听音乐模仿为汽车打气、加油、擦车、开车的动作。
3. 听信号在马路上开车:向前开、向后开、开得快、开得慢,注意提醒幼儿互相不碰撞。
二、小动物玩拼板
1. 教师引导幼儿用各种方法玩拼板。
提问:刚才我们把拼板变成了方向盘,拼板还可以变成什么呢?请找个空的地方变一变、玩一玩。
观察要点:教师注意观察孩子是怎么玩的?有什么方法?
2. 交流分享各自的方法。
配合儿歌:小拼板,变变变,变成小鸟飞飞飞(根据幼儿的玩法替换成其他内容)。幼儿跟着一起试试别人的玩法。
三、游戏:小动物找家
1. 幼儿将拼板放在场地上做小动物的家。
2. 游戏玩法:妈妈带动物宝宝出去玩,小鼓敲得慢,宝宝跑得慢,小鼓敲得快,宝宝跑得快,当听到小鼓停,妈妈说:"大灰狼来啦!"宝宝要快快地找到自己的家。
3. 一遍游戏后增加难度:教师依次拿掉一块或两块拼板让幼儿快快找到自己的家。
讨论:谁没有找到家?有什么办法能飞快地找到家,不让大灰狼抓住?
4. 引导幼儿找红颜色的家:哪些宝宝没有找到家?
又提高了难度,幼儿不仅要两个人站在一个家里,还有可能要三个朋友站在一起,并且站稳。
5. 教师示意找蓝颜色的家,并要求所有的动物宝宝都找到家。
四、放松活动
跟着音乐做模仿动作,擦汗休息。

# 1. 爱吃水果的牛

■ **活动目标**

1. 听故事,在画面中发现故事线索,体验帮助别人的快乐。
2. 在制作和赠送水果牛奶的情境中,知道水果营养好,爱吃水果。

■ **活动准备**

图画书、背景图、制作水果牛奶的操作材料。

■ **活动过程**

一、引出主题

1. 图画书里躲着许多水果,找一找,你能看见它们吗?
2. 交流各自的家中谁爱吃水果,爱吃什么水果。
3. 故事中最爱吃水果的是谁呢?从画面中寻找答案:牛。
4. 了解图画书的名称"爱吃水果的牛"。

二、理解故事

1. 牛吃了什么水果?这些水果长在哪里,什么样?
2. 主人每天怎样带牛去吃水果?(发现主人一会儿趴在地上摘西瓜,一会儿爬上树摘梨、找木瓜,一会儿又带牛上山,到果园吃水果。体会主人对牛的关心和爱护。)
3. 一天晚上,天气突然变了,主人和邻居们都怎么了?
4. 牛呢,它怎么没有感冒?
5. 牛想什么办法救大家?
6. 主人和邻居喝了牛做的水果牛奶怎么就恢复健康了?

三、制作香蕉奶昔

1. 每位幼儿用小刀切一小段香蕉。
2. 将切碎的香蕉放入搅拌器。
3. 教师在搅拌器内加入牛奶,搅拌成香蕉奶昔。

四、完整欣赏故事

1. 边看图画书边和老师一起讲故事。
2. 结尾部分扮作生病的主人和邻居,品尝自制的香蕉奶昔,表示喝了果奶,感冒都好了,大家都又爱吃水果又爱喝牛奶。

## 附故事

### 爱吃水果的牛

在村子里住着一头爱吃水果的牛,每天主人都要喂它吃很多水果。有红红的西瓜,长得高高的木瓜,还有像星星一样的杨桃……

一天晚上,突然刮起了一阵冷风,主人着凉病倒了,村子里其他的邻居们也生病了,只有爱吃水果的牛没有生病,它还在津津有味地吃着各种水果。

牛看见自己的主人病了,心里又着急又难过。它连忙挤出草莓牛奶,给主人喝。主人每天喝着牛挤出的各种水果牛奶,身体渐渐恢复了健康。牛又将自己挤出的牛奶分给村子里的邻居们喝,他们的病也好了。

最后,大家都变成爱吃水果的人了。

# 2. 被澡盆卡住的熊

## ■ 活动目标

1. 在看看、讲讲中,阅读小熊被小澡盆卡住和河马帮忙解救小熊的主要情节。
2. 体验小熊与小澡盆间浓厚的情感和成长的快乐。

## ■ 活动准备

大图书、《我要洗澡》歌曲录音。

## ■ 活动过程

一、谈话导入

你们喜欢洗澡吗? 平时在哪洗澡呀?(幼儿结合生活经验讲述)

教师小结:小朋友都喜欢洗澡,有的在浴缸里洗澡,有的洗淋浴……洗完澡身体变干净了,感觉好舒服。

这是我们的好朋友,是谁呀?

二、阅读图书内容

(一)阅读第一、二幅内容

小熊喜欢在哪儿洗澡呀?

小熊很喜欢这只小澡盆,天天用它来洗澡,一边洗一边还快乐地唱歌呢。听——

引导幼儿扮演小熊,坐在小椅子上,跟着音乐《我爱洗澡》一起模仿小熊洗澡。

一天又一天过去了,小熊洗澡的时候发生了什么变化?

小熊一天一天在长大,澡盆显得越来越小,看来,小熊快要坐不下了,这可怎么办呢?(教师对于孩子回答的内容加以提炼)

(二)阅读第三、四幅内容

河马路过小熊的家,看见小熊在小小的澡盆里洗澡,河马说:"小熊你的澡盆太小了,我带你去一个好地方洗澡。"河马邀请小熊到哪儿去洗澡?

小熊愿意去池塘洗澡吗?(提醒幼儿较完整地讲述自己的理由)听听小熊是怎么想的?"我害怕,池塘里有小鱼,它们在我身边游来游去,会钻进我的胳肢窝,我最怕痒痒了,我不去池塘洗澡。"

小熊究竟想在哪里洗澡呢?

(三)重点阅读第五、六、七、八幅内容

小熊为什么哭呀? 他的身体怎么了?

阅读大图书第六、七、八幅图片。

河马用了什么办法解救小熊? 是哪一幅图? 找出来一起阅读。

河马拿来胡椒粉,胡椒粉是什么味道? 人闻到后会怎样?

一起学学小熊打喷嚏:小熊闻到胡椒粉后打了一个响亮而又力大无比的喷嚏,把小澡盆给

震得碎片乱飞,小熊终于得救了,他也明白了自己真的长大了。

小熊失去了小澡盆,怎么洗澡呢?

河马安慰他:"小熊,你跟我来,我们一起到池塘去洗澡吧!"小熊跟着河马来到了池塘旁边,"扑通"跳了下去。

小熊能在河里洗澡吗? 河水没到小熊的哪里?

"哇,这个池塘可真是个大澡盆呀,我可不怕长大没澡盆洗澡!"两个好朋友高高兴兴地唱着歌,洗起澡!

播放音乐《我爱洗澡》,幼儿跟着音乐模拟小熊在小河里洗澡。

## 附故事:

### 被澡盆卡住的熊

小熊非常喜欢他的小澡盆,天天用它洗澡。

小熊一天天长大了。

河马邀请小熊到池塘里去洗澡。

小熊不愿意,他害怕小鱼、小虾会钻进他的胳肢窝。

有一天,小熊在洗澡的时候被澡盆卡住了,怎么也出不来。

嘿呀,嘿呀,河马拉不出小熊。

河马把澡盆翻个身,用力掀也没有把澡盆掀下来。

河马拿来胡椒粉抹在小熊鼻子上。小熊打了个喷嚏,把澡盆震得碎片乱飞,终于自由了。

小熊跟着小河马到池塘洗澡。这儿真是一个大澡盆呀!

# 3.春　雨

■ 活动目标

1. 欣赏理解散文,了解春雨和自然物的关系,感受散文的意境。
2. 在尝试仿编散文的过程中,表述对春天的感受,激发喜爱春天的情感。

■ 活动准备

散文画面、绿色的纸、记号笔。

■ 活动过程

一、说说喜欢春天的理由

1. 师:你们喜欢春天吗? 喜欢春天的什么?
2. 幼儿自由表述,教师随机对幼儿进行语言上的提升。
3. 过渡:春天真美啊,你们喜欢春天的草、春天的花、春天的风,还喜欢春天的雨。春天的雨本领很大的,你们听——幼儿欣赏散文。

二、欣赏散文,感受理解

(一)倾听散文,感受散文优美的语句

1. 春雨是怎样来到大地上的? 为什么说春雨是蹦蹦跳跳的?
2. 春雨蹦蹦跳跳地来到了哪些地方?
3. 春雨找树枝、大山、花园做朋友,它是怎么和它们打招呼的(敲敲)?
4. 引导幼儿运用不同的动作来表现"敲"的含义。

(二)观看画面,分段欣赏,理解内容

1. 春雨敲敲树枝,树枝有什么变化? 嫩叶像什么? 还会像什么?
2. 春雨又敲敲大山,长出了什么? 小草睁着亮眼睛在看谁呀?
3. 花园里的鲜花是什么时候开的? 美丽的鲜花还会说些什么?

三、完整欣赏,迁移经验

1. 春雨还会去哪里?
2. 春雨除了会用敲敲的动作,还会怎样去找朋友? 朋友们又会有什么变化?
3. 幼儿互相讨论,自由讲述,教师随机帮助幼儿整理语句,并把幼儿讲述内容用绘画的方式表现出来。

例如:春雨敲敲屋顶,屋顶干净了,它开心地笑了。
　　　　春雨敲敲小花,小花张开了花瓣,引来美丽的蝴蝶。
　　　　春雨敲敲小动物,小动物苏醒了,快乐地在森林里玩耍。
　　　　春雨敲敲小朋友的头顶,小朋友穿上雨衣,在雨中跳跃游戏,等等。

四、尝试仿编

1. 原本这篇散文只有三段,小朋友编了这么多,我们把小朋友编的也加进去。

2．一起来念一念这首新变成的散文。(引导幼儿将自己仿编的内容加入原来的散文,一起参与讲述和表演。)

### 附诗歌

#### 春　雨

小雨滴是蹦蹦跳跳地来到大地上的。

它敲敲树枝,树枝就冒出了绿苞;绿苞变成了绿叶像小巴掌,在为小鸟唱歌鼓掌。

它敲敲大山,山上钻出了小草,草上挂满了雨珠儿,好像睁着亮眼睛。

它敲敲我家花园里的迎春花,迎春花就开了;它吹起了金色的小喇叭,欢迎春天来到了我家。

# 4. 秋天的雨

## 活动目标

1. 欣赏散文诗内容,从颜色、气味等角度感受秋天的明显特征。
2. 重现有关秋天的经验,了解秋天与人们生活的密切联系。

## 活动准备

多媒体课件、配乐录音。

## 活动过程

一、听听秋天下雨的声音,引起欣赏的兴趣

1. 听雨声的录音。
2. 讨论:刚才听到的是什么声音? 猜猜是什么季节的雨声? 为什么不是夏天的雨声呢?

二、欣赏散文,感受作品的美

(一)播放配乐散文诗前半部分

1. 秋天的雨是什么样子的? 它有哪些颜色?
2. 为什么说它把黄色给了银杏,红色给了枫树?
3. 这么多美丽的颜色呀,如果用一个好听的词语形容,你会怎么说?(秋天五彩缤纷的雨用五彩缤纷的颜色装点着我们的世界,让它更美丽了)

(二)播放散文第二部分

1. 是什么散发出这些好闻的味道? 还有别的吗? 你在哪里闻到过呀?
2. 为什么小朋友的脚都被勾住了呢? 你的脚被勾住过吗? 被什么勾住的?

(三)播放散文第三部分

1. 秋天的雨又变成了小喇叭,它在说什么呢?
2. 猜猜看它会告诉哪些动物冬天就要来临了? 为什么? 它们要为过冬准备些什么吗?
3. 幼儿在音乐声中扮演这些小动物。

三、播放课件、欣赏散文

(一)完整感受作品

播放课件,让小朋友完整感受作品。

(二)欣赏后提问

1. 散文里说秋天的雨是怎样的? 你最喜欢散文里的哪些话?
2. 为什么说秋天的雨带给大地的是一曲丰收的歌,带给小朋友的是一首快乐的歌呢?
3. 秋天的雨像彩色的颜料,秋天的雨有香喷喷的味道,秋天的雨像小喇叭,你觉得秋天的雨还是怎样的呢? 为什么?

四、提供多种材料,引导表现

1. 原来秋天的雨有五彩缤纷的颜色,有香香的气味,还有好听的声音,你喜欢秋天的雨吗?

能不能把自己的感受表现出来呢?

2.提供颜料、画笔、色纸、小乐器等,让幼儿自主选择,用各种形式表现秋天的雨。

## 附散文诗

### 秋 天 的 雨

秋天的雨,滴答滴答地唱着歌。

秋天的雨,是五彩缤纷的颜料。

它把黄色给了银杏,红色给了枫树,金黄色给了田野,橙红色给了水果,还把紫红的、淡黄的、雪白的……都给了菊花仙子。

秋天的雨,有非常好闻的气味!不信啊,你闻:菠萝,鸭梨,烤山芋,糖炒栗子……小朋友的脚呀,常常被那香味勾住。

秋天的雨,有一支金色的小喇叭,它告诉大家,冬天就要到了。常绿树穿上了厚厚的衣裳,落叶树的树叶飘呀飘,飘到大树妈妈的脚下。动物们都准备过冬了。

秋天的雨,带给大地的是一曲丰收的歌,带给小朋友的是一首快乐的歌。

秋天的雨,滴答滴答唱着歌。

# 5. 父与子"照镜子"

## 活动目标

1. 阅读漫画作品"照镜子",体验漫画故事的诙谐有趣。
2. 在猜测中想象出乎意料的结局。

## 活动准备

《父与子》系列漫画,"照镜子"多媒体课件或大图书。

## 活动过程

一、忆趣激趣

1. 出示《父与子》封面画:认识他们吗?
2. 还记得在"父与子"身上发生过什么有趣的故事吗?
3. 幼儿回忆曾经看过的《父与子》漫画内容。

二、设疑引思

今天这对父子俩会遇到什么事情?让我们一起来看一看。

1. 音响效果"敲碎镜子的声音",发生了什么事情?
2. 观察画面(1),产生联想:一天,儿子刚准备打曲棍球,没想到把爸爸心爱的镜子打碎了,爸爸要打儿子的屁股了。

三、推波助澜

1. 议论:儿子该怎么办呢?
2. 观察画面(2):现在儿子在干什么?为什么要把镜子全打掉?他想出了什么妙招?
3. 观察画面(3):儿子究竟想出什么好办法?为什么要画爸爸?儿子画完爸爸的像以后觉得怎样?他在干什么?

四、真相大白

1. 爸爸果然不出儿子所料,回家就来照镜子。
2. 观察画面(4):儿子的妙计有没有被爸爸识破呢?怎么会识破的?
3. 学学爸爸面对镜中人物从不经意到大吃一惊到火冒三丈的表情变化。

五、联想

1. 这个毛手毛脚的儿子又闯祸了。他还自作聪明地想了个办法,以为万无一失,没想到一下子就露了馅。
2. 如果你是儿子,你有什么让爸爸没法猜到的办法吗?

附漫画

父与子——照镜子

# 6. 老公公

▰▰ 活动目标

1. 听懂并学说沪语童谣,体验说上海话的乐趣。
2. 能认真倾听老师、同伴的讲话。

▰▰ 活动准备

多媒体课件、幼儿人手一份图片。

▰▰ 活动过程

一、激趣导入

1. 师:(沪语)小朋友,你们好!

听到老师这样讲话,你们听得懂吗?老师说的是什么地方的话呢?

对了,是上海话。你们会说上海话吗?

2. 出示画面:一男一女。

看看他们是谁啊,上海话怎么说?(姆妈、阿姨;爸爸、爷叔、娘舅……均可以)

这些东西用上海话怎么说?(鸡蛋,钞票,数字3)

3. 出示画面:一老人。

他又是谁呢?上海话叫他什么呀?可以叫他老伯伯,也可以叫他老公公。

今天我们就来说说这位老公公有趣的事情。

二、倾听理解

1. 教师用上海方言念童谣,幼儿倾听。

"从前有个老公公,扪吾(方言:问我)借了两只蛋,礼拜三(方言:星期三)借礼拜四还,弄堂里厢(方言:里面)兜一圈,买了一顶西瓜帽,用忒(方言:用掉)钞票3块3。"

你们听得懂吗?听到些什么?

2. 听听找找第一句童谣。

出示画面,引导幼儿共同听听找找,听懂第一句童谣内容。

3. 听听找找后几句童谣。

教师逐句念童谣,幼儿在人手一份的图片上圈画。

4. 集体检验圈画的内容。

三、学学说说

1. 根据圈画内容集体念童谣。

2. 将弄堂里改变为城隍庙,幼儿再次念童谣。

接下来,更加有趣的事情要发生咯!

3. 幼儿集体念童谣,教师把沪语童谣逐句画成一位老公公。

师:是谁啊?有趣吗?你们也去试试吧。

■■■ 附上海方言童谣

## 老 公 公

从前有个老公公,扪吾(方言:问我)借了两只蛋,礼拜三(方言:星期三)借礼拜四还,弄堂里厢(方言:里面)兜一圈,买了一顶西瓜帽,用忒(方言:用掉)钞票3块3。

# 7. 猫捉老鼠几点了

## 活动目标

1. 对民间童谣有兴趣,喜欢用童谣做游戏。

2. 倾听指令,并根据指令作出反应,提高思维的逻辑性和敏捷性。

## 活动准备

小老鼠卡片、小背心、帽子和书包、花环、颁奖音乐、老猫头饰、图片3张。

## 活动过程

一、学习童谣

教师可通过出示图片,引出儿歌。

二、游戏一"猫捉老鼠几点了"

玩法:幼儿扮老鼠,老师扮猫,一问一答念儿歌,最后老师说出衔走花花洋伞的老鼠是怎样的,符合条件的老鼠要赶快逃到旁边,否则要被猫抓走。教师和幼儿共同检查是否逃得对,没有逃的是否有遗漏。

规则:能听清指令,正确逃跑的老鼠为赢。没有逃或逃错的老鼠为输,要被老猫抓走。

三、游戏二"根据教师提供的图片幼儿装扮自己,将自己变成穿着不同的老鼠"

玩法:幼儿根据自己选择的卡片上老鼠的样子,用背心、书包和帽子等装饰物来装扮自己,并记住自己的号码,能用完整语言表述自己是一只怎样的老鼠。玩法同前,幼儿扮老鼠,老师扮猫,一问一答念儿歌,老师说出衔走花花洋伞的老鼠是怎样的。游戏不断进行,教师提出的条件不断变化,并增加难度。如戴帽子穿背心、穿背心不背书包……

规则:装扮完请两位好朋友帮助检查自己的打扮是否与图片吻合;听清条件逃跑正确的老鼠为赢,没有逃或逃错的老鼠为输。

四、游戏三"根据老鼠号码进行游戏"

玩法:幼儿知道自己图片上的号码,教师要不断变化要求,并增加难度。如号码比6小、比2大比8小、号码是比6大的双数、不穿背心号码比8小……

规则:在规定时间内,迅速做出反应,否则也算游戏失败,接受暂停一次游戏的惩罚。

游戏结束教师可根据幼儿的游戏状况为胜利者颁奖,评选本次游戏中的"机灵鼠"。

## 附儿歌

| (上海话原版)猫捉老鼠几更天? | 一更天。 | 猫捉老鼠几更天? | 二更天。 |
|---|---|---|---|
| 猫捉老鼠几更天? | 三更天。 | 天要亮么? | 亮了。 |
| 雨要落么? | 落了。 | 我顶花花洋伞呢? | 给只老鼠衔走了。 |
| 伊长啥样子? | …… | | |

| (普通话改编)猫捉老鼠几点了？ | 两点了。 | 猫捉老鼠几点了？ | 四点了。 |
| 猫捉老鼠几点了？ | 六点了。 | 天亮了吗？ | 亮了。 |
| 雨下了吗？ | 下了。 | 我的花花洋伞呢？ | 被只老鼠偷走了。 |
| 它长什么样子呀？ | 它是只…… | | |

# 8. 爱笑的鲨鱼

## 活动目标

1. 观察、理解鲨鱼笑笑从找不到朋友,到鱼儿们愿意与它交朋友的故事情节,知道真心助人就会拥有朋友。

2. 能用语言大胆表述对故事画面的理解。

## 活动过程

一、导入

1. 图1(蓝色背景)。

你们看到过大海吗? 在哪里看到过? 大海又是什么样子的?

2. 图2—6(天使鱼、刺鲀、海星依次出现,并伴有海浪声)。

瞧! 海底有谁? 它们长得怎样? 你们记住它们的名字了吗?

(漂亮的鱼儿们,伴着朵朵浪花,在大海里摇摆、下潜。让我们游去海底,和这些漂亮鱼儿们大声打招呼!)

3. 图7(鲨鱼笑笑)海底世界里还生活着一条个头很大的鲨鱼,它的名字叫笑笑。看,它笑起来我们会感觉怎样?

是呀! 笑笑是鲨鱼,只要一笑就张开大嘴露出尖尖的牙齿,真令人害怕,所以它一个朋友也没有。今天,笑笑又来找朋友了,它能在海底找到自己的朋友吗?

二、自主观察画面

1. 图8、图9(鲨鱼笑笑遇见天使鱼的画面)。

鲨鱼笑笑找到朋友了吗? 你怎么知道的呢?(鼓励孩子用自己的经验诠释对画面的理解)

幼儿学说"对白"并表现:天使鱼吓得浑身发抖,以最快的速度逃走了。

鲨鱼笑笑又是怎么做的?(鼓励幼儿将前后画面联系起来理解故事)

2. 图10、图11、图12(鲨鱼笑笑遇见海星,海星逃跑,遇见刺鲀,刺鲀刺伤鲨鱼笑笑)。

幼儿观察和表述:鲨鱼笑笑看到了海星,特别高兴地游过去,展开了微笑大声说:"嗨! 你愿意和我做朋友吗?"海星也吓得打着滚飞快地逃跑了。

幼儿观察和表述:鲨鱼笑笑看到了刺鲀,特别高兴地游过去,展开了微笑大声说:"嗨! 你愿意和我做朋友吗?"刺鲀用自己身上的刺向笑笑刺去,飞快地逃走了。

幼儿学讲"对白"和动作表现。

朋友们都离他而去,鲨鱼笑笑又会怎样?(幼儿猜测想象故事情节)

3. 图13(鲨鱼笑笑失落地流眼泪)观察验证:所有的鱼儿都跑得远远的,不愿意理睬笑笑。这时,鲨鱼笑笑开始意识到自己的笑容有多可怕。它呜呜地哭了。

面对伤心的笑笑,你想对它说什么?

4. 图14、图15(鲨鱼笑笑看到鱼儿们被捕,并伴有音效)。

观察理解:鲨鱼笑笑听了我们的话,又鼓起勇气重新回到了海底,远远地看着鱼儿们游戏,

突然笑笑觉得有些不对劲,发生了什么事?

问题:怎么看出笑笑在船边转来转去?笑笑为什么一直在船边转悠?接着笑笑会想什么好办法?

5.图15(鲨鱼对渔夫笑)。

问题:笑笑对着渔夫笑,渔夫见了会怎么样?

幼儿分别扮作渔夫和笑笑,做出笑笑张开大嘴渔夫受惊吓的动作。教师旁白:渔夫吓得大声尖叫,双手一松,重重的渔网落进了海浪里,小鱼们都得救了。

6.图16、图17(鱼儿游出来感谢笑笑,笑笑和鱼儿们一同游玩)。

问题:鱼儿们获救了,它们会对笑笑说什么?

从此以后,鱼儿们再也不害怕鲨鱼笑笑咧着嘴微笑时露出的又白又大的牙齿了。笑笑终于用微笑交到了朋友。

三、幼儿完整欣赏故事,并轻声地跟着老师叙述

## 附故事

### 爱笑的鲨鱼
根据[英国]露丝·盖乐薇《爱笑的鲨鱼》原著改编

在遥远的、深深的、波涛汹涌的大海里,住着一条名叫笑笑的鲨鱼,它是大海里最爱笑、最喜欢交朋友的鱼。

每天,鲨鱼笑笑都能看见漂亮的鱼儿们,伴着朵朵浪花,在大海里下潜、摇摆、猛冲。鲨鱼笑笑也想跟它们一起游泳。可是,每当笑笑向鱼儿们微笑时,它们都会迅速躲开。

笑笑问天使鱼:"嗨!你愿意和我做朋友吗?"天使鱼吓得浑身发抖,以最快的速度逃走了。

笑笑问海星:"嗨!你愿意和我做朋友吗?"可是海星看见它后,在海底翻着跟头,像轮子似的拼命地向远处滚去。

笑笑问刺鲀:"嗨!你愿意和我做朋友吗?"刺鲀却把自己吹成了一个大刺球,狠狠地扎了鲨鱼笑笑的鼻子一下。

笑笑咧着嘴对水母微笑、对章鱼微笑、对鲶鱼微笑。可是它们都跑了,跑得远远的。鲨鱼笑笑想:"每个人都害怕我这又大又白的牙齿。"它呜呜地哭了起来,再也不喜欢微笑了。

哗啦!哗啦!鱼儿们摇头摆尾,打着水花,跳着舞蹈。不过这会儿它们的动作要比平常快好多。鲨鱼笑笑远远地看着,但是总觉有点儿不对劲儿。鱼儿们全都被网住了!"救命啊!"鱼儿们大叫起来,"鲨鱼笑笑快来帮帮我们吧!"

鲨鱼笑笑绕着渔网转了一圈又一圈。它能做什么呢?怎么样才能帮上忙呢?鲨鱼笑笑唯一能做的就是"笑"!

鲨鱼笑笑张大嘴,对着渔夫笑起来:"啊——啊——啊——"渔夫吓得大声尖叫,双手一松,重重的渔网落进了海浪里。渔夫喊道:"饶了我吧,我放了它们"!

"奥耶!"鱼儿们欢呼起来,"我们得救啦!谢谢你,鲨鱼笑笑!"

从那以后,在遥远的、深深的、波涛汹涌的大海里,我们都会看到:鲨鱼笑笑和它的朋友们一起,下潜、猛冲、排水花,当然还有笑!

# 9. 帽子床

## 活动目标

1. 欣赏理解故事《帽子床》，积极参与问题讨论并能清楚地表达。
2. 感受父母对自己的关爱，体会一家人在一起的温馨。

## 活动准备

1. 《帽子床》故事画面。
2. 毯子、雨伞、脸盆、垫子、图书、皮球等道具。
3. 鼠爸、鼠妈和鼠宝宝的胸饰若干。

## 活动过程

一、激发兴趣，引出主题

师：今天我们来认识鼠宝宝的一家。看，哪个是鼠爸爸？哪个是鼠妈妈？（图一）

二、观察画面讨论

1. 分段理解故事

（1）鼠爸爸和鼠妈妈看到天气渐渐冷了，晚上秋风吹起，睡在漏风的竹篮床上越来越冷，想给鼠宝宝找个软软的、暖暖的、厚厚的小床。他们趁着宝宝睡觉的时候，上街去逛逛，寻找新的床。（图二）

他们走啊走，找啊找，看到地上有一片树叶，鼠爸爸说："这片树叶大大的，我们拿来当宝宝的小床吧！"你们说树叶能当鼠宝宝的床吗？

（鼠妈妈说："是啊，树叶太单薄了，我们宝宝睡在上面不暖和。"）

（2）鼠爸爸鼠妈妈又往前走，看到了一棵小草，鼠爸爸说："小草软软的，我们把许多小草铺在一起，宝宝睡在上面肯定很舒服。"鼠妈妈说："可是现在只有一棵小草，要找到许多小草很不方便。我们还是找找其他东西吧！"

小朋友想想找什么当小床最好呢？

（3）鼠爸爸鼠妈妈继续往前走，突然眼前一亮，鼠爸爸叫起来："瞧，一顶大皮帽！"（图三）

看看，这是一顶怎样的大皮帽？

（鼠妈妈说：这顶皮帽大大的、厚厚的，摸上去很柔软、很舒服，我们把它搬回家做宝宝的小床吧！）

鼠爸爸想：有什么办法把大皮帽搬回家呢？你们想想有什么好办法？

鼠妈妈对鼠爸爸说："我有一个好办法，我们一起来试试！"说着，他们一起钻到帽子里，使出全身的力气想把大皮帽扛起来。一、二、三，大皮帽终于扛起来了。可是大皮帽实在太大了，鼠爸爸鼠妈妈的整个身体都被罩住了，只露出了手和脚。小鸟看见了说："鼠爸爸鼠妈妈小心点，慢点走，看好路。"

（4）这时，鼠宝宝睡觉醒来了。他们睡在四面漏风的竹篮里，一会儿就冻醒了。鼠妹妹发

现爸爸妈妈都不在家,怎么样了? 她为什么要哭呢?(图四)

鼠哥哥就拉着鼠妹妹,跑出家门去寻找鼠爸爸和鼠妈妈。这时他们看到了什么?

(可是鼠哥哥和鼠妹妹从来没看到过这么大的大皮帽,还以为是个毛茸茸的大怪物呢! 他们吓得赶紧往回逃,摔在了地上,边哭边叫:怪猫,怪猫,两只耳朵八只脚! 鼠爸爸和鼠妈妈听到了宝宝的哭叫声,赶紧从帽子底下钻出来。)

鼠哥哥和鼠妹妹看到爸爸妈妈后怎么样? 爸爸妈妈怎么安慰宝宝的?

(5)鼠爸爸带着全家一起搬起了大皮帽。"嗨哟,嗨哟……"我们一起为鼠宝宝一家加油吧! 在大家的努力下,一会儿就把大皮帽扛回了家。(图五)

这天晚上,鼠宝宝一家是怎么睡觉的?

鼠宝宝一家睡在暖暖的大皮帽里,会说些什么呢?

2.完整欣赏故事

三、扮演角色,提升情感

过渡:鼠宝宝一家一起睡在暖暖活活的帽子床上真幸福! 鼠爸爸鼠妈妈家里还有许多东西,他们还想一起用。看看,都有些什么东西?(介绍角色表演的部分道具)如果你们是鼠爸爸、鼠妈妈和鼠宝宝一家,你们会怎样共用一样东西呢?

1.三人一组自由结伴,分别扮演鼠爸爸、鼠妈妈和鼠宝宝。

2.共同选择一件道具(伞、脸盆、毯子等),想办法三个人一起怎么用。

3.老师巡回观察引导。

4.请每个"家庭"分别表演。

### 附故事

#### 帽 子 床

鼠爸爸和鼠妈妈,趁着宝宝们睡觉的时候,上街去逛逛,打算寻找一些新家具。

鼠爸爸突然叫起来:"瞧,一顶大皮帽!"鼠妈妈一看也乐了。她摸摸帽子上的皮毛说:"多柔软,多舒服的帽子床,我们把它搬回家吧!"鼠爸爸和鼠妈妈钻进帽子里,使出全身力气才把帽子扛了起来。鼠爸爸和鼠妈妈整个身子都被帽子罩住了,只有脚露在帽子下面,路也看不清,半天才走了一小段路。

鼠宝宝醒来,发现爸爸妈妈都不在,鼠妹妹哭着要妈妈,鼠哥哥只好拉着鼠妹妹,跑出家门去寻找爸爸妈妈。没走几步,只见前面来了个毛茸茸的家伙。鼠哥哥和鼠妹妹吓得边逃边叫:"怪猫! 怪猫! 两只耳朵八只脚!"

鼠爸爸和鼠妈妈正伸出头来探路,一听是自己的宝宝在呼叫,急忙从帽子底下钻出来,鼠哥哥和鼠妹妹一见大皮帽很害怕:"怪猫! 怪猫!"

鼠爸爸告诉他们:"别怕,别怕,这只是一顶大皮帽啊!"

鼠爸爸带着全家,高高兴兴地把大皮帽扛回家,到了晚上,鼠爸爸和鼠妈妈搂着一对鼠宝宝,乐呵呵地睡上了暖暖和和的帽子床。

# 10. 多么温暖的礼物

## 活动目标

1. 在猜猜、讲讲中了解故事内容,感受、理解人与人之间的关爱才是最温暖的礼物。
2. 理解掌握词汇:"厚厚的"、"软软的"、"香喷喷的"、"热乎乎的",并尝试运用表达。

## 活动准备

故事画面、围巾、毛衣、毯子、枕头。

## 活动过程

一、情景导入,引发幼儿倾听的欲望(重点:了解故事发生的背景,以及两个主要角色间的关系)

1. 联系生活经验,说说冬天取暖的好办法,为后面温暖的礼物做铺垫。

(1)你们在冬天里有哪些取暖的好办法?

(2)小结中引出故事:每个人都需要温暖,你们都有很多取暖的方法,今天老师带来了一个发生在冬天里的温暖的故事。

2. 交代故事角色,知道跳跳鼠与鼹鼠仔是一对好朋友。

人物介绍:这是谁? 他有一个可爱的名字叫"跳跳鼠"(打招呼)。跳跳鼠有个很要好的朋友,叫"鼹鼠仔"(打招呼),他们是一对好朋友。

3. 讲述故事的开始部分:"新年快到了,……又冷又孤单",激发幼儿产生关爱鼹鼠仔的情感。

提问:鼹鼠仔一个人住在遥远的地洞里会感到怎样? (理解"又冷又孤单")

二、分段讲述,理解故事《多么温暖的礼物》(重点:顺着故事情节的展开,了解故事中两个角色之间牵挂的心情,突出温暖礼物的神秘)

1. 启发幼儿根据词义作猜想,并学习表达。

提问:跳跳鼠到底会送什么温暖的礼物给鼹鼠仔呢? (幼儿推想,说说理由)

讲述故事:从跳跳鼠给鼹鼠仔拨了一个长途电话——"嗯……厚厚的,软软的……还有,从头到脚都是热乎乎的",让我们猜一猜,这份礼物会是什么呢?

承上启下:哦,你们说出了那么多温暖的礼物,相信如果送给你们的家人或者是朋友,一定会让他们感到温暖又甜蜜。

2. 加深对"厚厚的"、"软软的"、"热乎乎的"等词义的理解并体会温暖的感受。

实物体验:幼儿亲自感受和体验各种温暖的礼物的材质,说一说摸摸礼物后的感觉。

今天老师也带来了一些可以带给大家温暖的小礼物,请你们也来抱一抱、摸一摸,说说它们带给你什么样的感觉?

幼儿体验,并学说软软的围巾、厚厚的毛衣、毛茸茸的毯子、香喷喷的枕头。

3. 电话游戏,以打电话的方式练习故事中角色的语句,进一步体验期待的心情。

幼儿扮演鼹鼠仔,老师扮演跳跳鼠

幼:跳跳鼠,温暖的礼物是软软的围巾吗?

师:不是

幼:跳跳鼠,温暖的礼物是厚厚的毛衣吗?

师:也不是。

幼:跳跳鼠,温暖的礼物是毛茸茸的毯子吗?

师:还是不对。

幼:跳跳鼠,温暖的礼物是香喷喷的枕头吗?

师:哈哈,还是没猜对哦。

那么到底是什么神秘礼物呀?

鼹鼠仔和你们一样,美美地猜想着。

鼹鼠仔每天都在盼望着礼物的到来,是软软的围巾吗?是厚厚的毛衣吗?是毛茸茸的毯子吗?是香喷喷的枕头吗?我们继续看看跳跳鼠到底会送什么礼物,好吗?

三、继续欣赏故事(重点:观察画面,根据局部特征,判断真正的"礼物",理解温暖礼物的含义,感受友情的美好)

1.观察画面,根据局部特征判断

讲述故事内容:"终于等到了一年里最冷的一天……从头到脚都是热乎乎的……"

提问:你怎么会猜到是跳跳鼠呢?(观察礼物盒中,跳跳鼠的局部特征)

2.引导幼儿进一步观察画面,提问:

(1)瞧,两个朋友在做什么呀?(拥抱)

(2)跳跳鼠送给鼹鼠仔的到底是一个什么样的礼物啊?(拥抱)

(3)天冷的时候,好朋友拥抱在一起会有什么样的感觉呢?(温暖)

(4)是呀,两个毛茸茸的小家伙,身体贴在一起,厚厚的、软软的,让他感觉从头到脚都是热乎乎的,连心儿都是那么的温暖。

四、边看视频边完整欣赏配乐故事《多么温暖的礼物》(重点:完整欣赏故事,再次感受友情的温暖,愿意将"温暖"与每个身边的人一起分享)

1.完整欣赏。

2.师生拥抱,同伴拥抱,感受温暖,鼓励幼儿回家与自己的家人拥抱,并送上祝福语。这个大大的拥抱是不是一个温暖的礼物呢?我们也来做朋友相互拥抱,你给我爱,我给你爱,你给我温暖,我给你温暖。

## 附故事

### 多么温暖的礼物

新年就要来了,跳跳鼠想起了远方的朋友鼹鼠仔。

住在那么远的地洞里,鼹鼠仔一定又冷又孤单。

跳跳鼠给鼹鼠仔拨了一个长途电话,说:"鼹鼠仔呀,我要送你一件温暖的礼物。"

"温暖的礼物,是什么呢?"

"嗯……厚厚的,软软的……还有,从头到脚都是热乎乎的。"

鼹鼠仔每天都在盼望礼物的到来。温暖的礼物，会是什么呢？他想了一个又一个。是软软的绒线围巾吗？是厚厚的毛衣吗？是毛茸茸的毯子吗？是香喷喷的枕头吗？

终于等到了一年里最冷的一天，天上飘起了大大小小的雪花片。

温暖的礼物究竟是什么呢？

突然，一只礼物盒子出现在鼹鼠仔的小床边。是跳跳鼠的礼物呀！

还没来得及抱起礼物，礼物盒自己打开了。从盒子里蹦出跳跳鼠，给鼹鼠仔一个好深好深的拥抱——软软的、厚厚的、毛茸茸、香喷喷的，还有，从头到脚都是热乎乎的。

真是一个温暖的礼物呢。

# 11. 蘑菇房子

## 活动目标

1. 理解故事内容,学说故事中角色对话并尝试角色表演。

2. 体会只有真诚地把快乐带给他人,自己才会享受到同样的快乐。

## 活动准备

蘑菇房子图,插入材料小母鸡、小熊、小象、小狐狸。

## 活动过程

一、介绍蘑菇房子

1. (出示蘑菇房子)这是什么? 它是什么样的?

2. 那么可爱的蘑菇房子,肯定会有许多动物朋友想进去玩,让我们一起来听听故事,来了几位朋友,他们是谁?

二、学说故事中对话,尝试角色表演(前半段)

(一)欣赏故事前半部分,学说对话,尝试表达出角色的形象特点

1. 倾听故事前半段从"绿草地上……"至"……你和你的歌请进来"。

问题:故事中蘑菇房子来了几位朋友,他们是谁?

2. 分段理解,并学习表达。

(1)第一小节(母鸡与蘑菇房子的对话——完整欣赏后提问)

问题:

谁第一个来到蘑菇房子?

去朋友家做客先要干什么?(敲门)一起来敲敲门——咚咚咚。

听到蘑菇房子问"是谁呀?"小母鸡是怎么回答的?(引出"是我,小母鸡,带着一篮子草莓")

蘑菇房子很热情地欢迎小母鸡,她是怎么说的?(蘑菇房子先说"欢迎",然后说"你和你的草莓请进来")

教师与幼儿对话,教师讲母鸡的话,幼儿学说蘑菇房子的话。

(2)第二小节(小熊和蘑菇房子的对话)

(咚咚咚)谁来了? 小熊说话的声音应该是怎么样的?

(重点引导幼儿模仿小熊的声音:重重的、粗粗的,感受表达声音的区别)

小熊带了什么礼物?(一大束鲜花)一起来学学小熊的说话。

蘑菇房子是怎么欢迎小熊的?

分角色(教师和全体幼儿练习整个情节的对话)教师讲蘑菇房子的话,幼儿讲小熊的话。

(3)第三小节(小象和蘑菇房子的对话)

第三位客人是谁? 那么小象会带什么特别的礼物呢?

谁来当一当蘑菇房子和小象?(个别幼儿与集体对话练习)

（二）扮演角色，情景表演

1. 现在我们一起来表演一下这个故事。谁愿意做小母鸡、小熊、小象？谁来做蘑菇房子？

2. 分别介绍一下自己。

3. 表演要求：每个小动物要把自己不一样的声音和动作表现出来。

三、倾听故事后半部分，引发议论，理解故事情节

（一）问题导入，引发议论

1. 小母鸡、小熊、小象都给蘑菇房子带去了精美的礼物，蘑菇房子快乐地欢迎他们来做客。过了一会又有人敲门了，听听发生了什么？（老师讲故事：自"咚咚咚"到"小狐狸脸红了"）

2. 小狐狸带来了什么？为什么小狐狸进不去？（幼儿讨论）小狐狸是怎么叫的？（糟糕！我进不去）一起来学学小狐狸着急的样子。

3. 讨论：怎样做蘑菇房子才会欢迎他进去呢？帮小狐狸想个办法。听听蘑菇房子是怎么说的。我们一起告诉小狐狸："摇一摇脑袋，把坏主意甩掉！"

4. 小狐狸使劲摇了摇脑袋，感觉脑子里的坏主意消失了。然后，他顺利地走进了蘑菇房子。

（二）手指游戏，幼儿自主表演故事情景

1. 现在请我们的两只小手帮帮忙，一起来表演一下这个故事。右手来做蘑菇房子，左手的大拇指来做小狐狸。

2. 师幼共同表演。

（三）情感提升，欣赏故事结尾（教师朗诵，并配以优美音乐）

1. 蘑菇房子里，美妙的音乐声响起来，半空中撒下了花瓣雨。蘑菇房子乐呵呵地宣布："蘑菇房子的快乐晚会现在开始!"所有的客人都玩了个痛快，不过，玩得最痛快的还是小狐狸，这是为什么？

2. 模拟晚会情境，师生合作表演（老师扮演蘑菇房子，幼儿扮演小动物）。

（角色分配，音乐伴奏）蘑菇房子：我宣布，蘑菇房子的快乐晚会现在开始！

（引导小母鸡把草莓分给大家、小熊把鲜花送给大家、小象为大家唱歌、小狐狸和大家拥抱。）

蘑菇房子的快乐晚会到此结束，用相机把我们快乐的样子拍下来吧！欢迎你们下次再来玩，再见！

### 附故事

## 蘑 菇 房 子

绿草地上，有一座可爱的蘑菇房子。

"咚咚咚!""是谁啊？"

"是我，小母鸡，带着一篮子草莓。""欢迎！你和你的草莓请进来。"

"咚咚咚!""是谁啊？"

"是我，小熊，带着一大束鲜花。""欢迎！你和你的花请进来。"

"咚咚咚!""是谁啊？"

"是我，小象，带着一首好听的歌。""欢迎！你和你的歌请进来。"

"咚咚咚!""是谁啊？"

"是我,小狐狸,带着一颗快乐的心。""欢迎!你和你快乐的心请进来。"

小狐狸推开门,可是,他的脑袋进去了,身子却被卡住了。"糟糕!我进不去。"小狐狸着急得叫起来。

"你脑子里有一个坏主意,对不对?""我……我想抓……一只小母鸡。"小狐狸脸红了。蘑菇房子大声说:"摇一摇脑袋,把坏主意甩掉!"小狐狸使劲摇了摇脑袋,感觉脑子里的坏主意消失了。然后,他顺利地走进了蘑菇房子。

(蘑菇房子里,美妙的音乐声响起来,半空中撒下了花瓣雨。)蘑菇房子乐呵呵地宣布:"蘑菇房子的快乐晚会现在开始!"

这是一个美妙的夜晚,所有的客人都玩了个痛快,不过,玩得最痛快的还是小狐狸,因为他发现,脑袋里连一个坏主意都没有的感觉真是棒极了。

# 12. 弟弟追小鸡

## 活动目标

1. 在体验和理解作品内容的基础上,学习有感情地念诗歌,并有表演的欲望。
2. 激发幼儿同情、爱怜小动物的情感。

## 活动准备

木偶,头饰(小鸡、弟弟、姐姐)。

## 活动过程

一、观看木偶表演(两遍)

1. 观看第一遍:出示木偶,这是谁(小鸡,弟弟,姐姐)? 小鸡、弟弟和姐姐要给小朋友表演一个木偶节目。

2. 观看第二遍:你们能不能把木偶表演的故事讲出来?

二、幼儿根据自己的理解,表述主要内容

师:现在,老师要念一首诗歌《弟弟追小鸡》,听听,讲的是不是这件事?

三、教师示范诗歌《弟弟追小鸡》

用动作帮助幼儿理解并表达感情。

四、幼儿学习诗歌

分段理解并学习诗歌。

第一段(第一层次)

(1)叽叽,叽叽,小鸡逃来逃去的时候,心里是怎么样的? 诗歌里用了哪个词?(惊慌)

(2)顽皮的弟弟追来追去,为什么说他是个顽皮的弟弟(哈哈,哈哈)?

学习段落时,要求幼儿用语气声调表现二者的心理状态。

第二段(第二、三层次)

(1)"小鸡,别害怕,我来保护你。"这句话是谁说的?(幼儿模仿姐姐的对话)

(2)姐姐是怎样保护小鸡的? 为什么不用双手抓起,而用双手捧起?(幼儿体验"捧"的感觉)

(3)姐姐做了些什么? 为什么要亲亲小鸡的小脸、摸摸小鸡的身体?

(4)轻轻地——,轻轻地——,表示姐姐还做了许多爱小鸡的动作,姐姐还会对小鸡做些什么亲热的动作呢?

(5)"叽叽,叽叽",这里的小鸡叫,说明现在的小鸡感觉怎么样? 学习第二段。

第三段(第四层次)

(1)小鸡好像在说什么?

(2)弟弟是怎样道歉的?

幼儿学习第三、四段。幼儿跟老师念诗歌,教师用动作帮助幼儿记忆诗句。教师演示木偶,

幼儿配音。

五、激发幼儿表演的欲望

1．分组扮演三个角色。（弟弟、姐姐、小鸡）

2．个别幼儿戴上头饰表演。（每组各一名）

3．评价：哪个小朋友把自己扮演的角色动作表现出来了？

## 附诗歌

### 弟弟追小鸡

"叽叽，叽叽！"

惊慌的小鸡逃来逃去。

"哈哈，哈哈！"

顽皮的弟弟追来追去。

"小鸡别害怕"，

"我来保护你！"

姐姐拉住了弟弟，

双手捧起了小鸡。

亲亲它的脸，

摸摸它的身体。

轻轻地、轻轻地……

"叽——叽——"

小鸡好像说：

"姐姐，谢谢你！"

弟弟感到难为情，

忙说："小鸡、小鸡，对不起！"

# 13. 爸爸的手

## 活动目标

1. 感受了解爸爸的手的本领,增进对爸爸的情感。
2. 尝试用完整的语句仿编散文。

## 活动准备

调查表"爸爸的手"展示(根据不同的本领归类)。

## 活动过程

一、回忆散文

1. 前几天,我们听了一篇关于"爸爸的手"的散文,大家还记得吗? 我们一起把这篇好听的散文念给大家听好吗?

2. 回忆散文中的主要内容。

提问:散文里爸爸的手都为我们做了些什么事情呀?

二、介绍调查表"爸爸的手"

1. 我们回家也调查了许多关于自己爸爸的手的本领,今天就来介绍一下爸爸的手好吗?

2. 出示调查表,幼儿介绍自己的爸爸的手的本领。

3. 小结:爸爸的手又大又结实,还能做那么多事情,而且每个爸爸的手的本领都不一样,爸爸可真了不起呀。

三、仿编散文

1. 你们觉得自己的爸爸的手的本领大不大? 想不想把自己的爸爸的手的本领也编到散文里去呢? 我们来试试看好吗?

根据幼儿反应,提出不同层次的要求,并给敢于尝试的幼儿一个金拇指作为奖励。

教师念散文的开头和结尾,幼儿编爸爸的手的一个本领。

尝试合作编散文,即确定先后顺序,两个人以上共同完成散文。

尝试将自己的爸爸的手的几个本领一起编进散文。(关键要思考自己先说哪个本领,再说哪个本领。)

2. 将自己编的散文朗诵给大家听。

## 延伸

把爸爸的手的散文编得越来越长。

## 附散文

**爸 爸 的 手**

我的爸爸有一双大大的手,结实又灵巧,还很温暖呢。

大热天的时候,爸爸的大手轻轻摇着扇子,为我驱赶蚊子。

下雪天的时候,爸爸的大手握着我的小手,让我的小手变得暖暖的。

爸爸的大手还是能干的修理工,我的玩具坏了,只要几分钟,爸爸的手就把它修好了。

我的手也在渐渐长大,什么时候,我也能有一双爸爸那样的大手。

# 14. 会说话的手

## 活动目标

1. 在猜猜、说说、看看中,知道手除了做事还能表达意思、传送信息。
2. 尝试在问题情境中表述自己的想法,提高观察、分析、解决问题的能力。

## 活动准备

关于手势的录像与图片,幼儿事先搜集过"会说话的手",并用多种形式呈现(照片、图像)。

## 活动过程

一、交流关于自己收集到的"会说话的手"

1. 用"开火车"的办法来交流会说话的手。

2. (出示幼儿作品)看看别人找到的和你一样吗?

3. 用诗歌的形式共同小结、提升:交通警察的手会说话,手臂伸直往前走,手掌竖起请停下,手臂挥挥请靠边;指挥家的手会说话,轻响强弱都看它;聋哑人的手会说话,爱的信息它传达……

生成:可引导幼儿将自己的信息按格式仿编。

二、共同关注收集到的"会说话的手"

1. 魔术师的手(照片)

这是谁? 他的手在说什么话? 为什么不用嘴说而用手代替呢?

2. 排球运动员的手

这是一只会说话的手,它可能会说什么呢(分层递进剖析画面)? 出示排球运动员的采访录像——用语言、动作表述几个常用的简单动作。

三、我们的手"会说话"

1. 什么时候需要用手说话?

(较远,声音不能达到的时候;表达情感的时候;表演的时候;需要安静的时候;不能发出声音但又必须传递信息的时候)

2. 投放照片,产生继续探索的兴趣。

(驯兽员、宇航员、潜水员、高空作业人员、特警执行任务)

3. 用动作(嘘)——我没说话,你们为什么静下来了呢? 哈,用手说话还真省力。

## 延伸

试着来玩玩"用手说话"的游戏。

# 15. 我们的鞋子

■ **活动目标**

1. 初步了解鞋子的基本特征、种类及不同的用途,了解在合适的场合和合适的季节穿合适的鞋子。

2. 积极尝试用较完整的语言讲述。

■ **活动准备**

各种不同男女、季节、天气、职业的人物图,与人物可以粘贴匹配的各类鞋子小图片。

■ **活动过程**

一、谜语导入

1. 老师说出谜面:"小小两只船,大小都一样,要走一起走,要停一起停。"

2. 幼儿猜出谜底:鞋子。

3. 议论:怎样能猜出谜底,我们听到谜面怎样说。

4. 进入了关于"鞋子"的话题:"今天我们一起来聊聊关于鞋子的事情。"

二、观察辨错

1. 观察自己的鞋,交流今天我穿了一双什么鞋?

2. 展示一群穿错鞋的小朋友,观察他们各自穿的鞋:雨天穿布鞋、冬天穿凉鞋、夏天穿棉鞋、运动时穿皮鞋、男孩穿女孩的鞋等。

3. 小朋友穿的是什么鞋?这样穿鞋合适吗?他们该穿什么鞋呢?

4. 与身边的同伴议论后说说该怎样换鞋,以及自己的理由。

三、了解鞋的用处

1. 小朋友听了大家的意见,都把鞋脱了下来,他们发现光脚丫很舒服,不想穿鞋了,行不行呢?

2. 幼儿分成"行"与"不行"两组,交换地说说各自的理由。

3. 教师征求意见,最终发现有些时候可以不穿鞋,有些时候非穿鞋不可。

四、鞋子匹配

1. 观察画面上的人,想一想他们需要穿哪种鞋。

2. 从边上的图画里找出适合的鞋,贴在对应的小朋友脚上。

3. 观察分辨:他们的鞋穿得是否合适,若有疑问继续讨论调整。

# 16. 动物餐厅

## 活动目标

1. 了解动物喜欢吃的食物,尝试按动物进食的特性进行分类。
2. 知道必须按照动物的习性给它们喂食,萌发关爱、保护动物的愿望。

## 活动准备

多媒体、三个动物大图片、各种食物(装在盘子里)、幼儿调查表。

## 活动过程

一、经验交流
1. 共同观察调查记录表。
2. 说说各自调查的动物们都喜欢吃什么。
二、感知理解
1. 看看今天动物餐厅里来了客人,它们是谁?(观察老虎、牛、熊的图片)
2. 一起送食物给动物吃。
3. 交流验证:
(1) 观察三个动物分别吃了什么?
(2) 它们喜欢吃的食物有什么不同,了解动物都有自己的特性,喜欢吃瓜果蔬菜和青草的称作食草动物,喜欢吃肉的称作食肉动物,又爱吃蔬菜又爱吃荤菜的动物称作杂食动物。
三、经验迁移
1. 观察众多动物卡片,共同议论它们爱吃什么。
2. 幼儿分组将动物按爱吃的食物进行分类。
3. 共同观察分辨有没有发生错误,及时讨论和纠正。
四、拓展讨论
1. 观察长颈鹿图片,谈论:长颈鹿喜欢吃什么,它属于哪一类动物?
2. 观察长颈鹿准备吃马夹袋的图片,讨论:长颈鹿吃了马夹袋会发生什么事情呢?发现会导致长颈鹿死亡。
3. 谈论:哪些东西不能喂给动物们吃,了解动物都有它们喜欢吃的食物,我们不能乱喂给动物吃东西。
五、延伸活动
去动物园参观,了解饲养员叔叔怎样给动物喂食。

# 17. 转起来

## 活动目标

1. 愿意尝试和探索使各种物体转动的方法。
2. 关注生活中转动的现象,发现转动在生活中的运用。

## 活动准备

1. 第一次探索用的物品:生活中、活动室里常见的能转动起来的物品,包括纸杯、盘子、积木、废弃的光盘、磁带、勺子、筷子、绳子、饮料瓶、呼啦圈、风车等,物品数量多于幼儿人数。

2. 第二次探索用的物品:塑料齿轮玩具、当中有孔的积木、纽扣玩具、光盘、各类绳子、牙签、不同形状的中心用针戳洞的纸片、纸杯、筷子、勺子,以及两只透明水杯中各盛半杯水。

## 活动过程

一、游戏:快乐小转盘

1. 引题并介绍游戏玩法。

师:孩子们,瞧这是什么呀?(地上摆放彩色圆形泡沫垫代表小转盘)我们的"快乐小转盘"又要开始转啦!想玩吗?

游戏的玩法是这样的:大家张开双手站在圆垫上准备。

师:快乐小转盘!

幼:大家一起转!

师:"转呀转呀转呀,转出可爱的动物来!"儿歌结束时就站在原地不动,并做一个可爱的小动物的动作。然后老师倒数 5—0。如果念到 0,大家还能保持不动的话就算胜利。

2. 师幼一起游戏。(第二次游戏时,教师倒计时,让幼儿感受游戏的快乐)

二、第一次探索,让各种物品转动起来

1. 交代任务。

师:哇,你们今天转得这么快乐,瞧瞧都转出些什么了呀?(教师故作神秘揭开屏风,让幼儿说说有些什么呀?)这些物品看见大家转得那么开心,也想玩"转起来"的游戏。请大家帮帮忙,用你们的办法让它们转起来。

2. 幼儿操作,教师观察并指导。

观察包括以下几个方面:

当幼儿已经想办法使物体转动起来时,教师宜用提问帮助幼儿提升经验:"你用的是什么方法?"如当幼儿把长柄花放在手心并搓动使小花转动时,教师可问:"你用的是什么方法? 这个动作叫……"

当幼儿已经使一种材料转动起来时,教师可以鼓励幼儿尝试更多的材料:"请试一试不同的材料。"

有些材料可有多种转动的方法,如风车可用吹气、跑动等方法使它转动。幼儿尝试了一种方法后,教师可以用提问拓展幼儿的思维:"除了这种方法,还有别的方法能使它转动吗?"

3. 交流与分享。

师:你刚才玩了什么? 你是用什么方法让什么转起来了?

(这种填空式的提问能够帮助中班幼儿理清思路,尝试完整表达自己的探索重点。)

4. 出示图文相结合的汉字,师幼一起总结探索方法。

(当幼儿说出教师估计到的一些方法时,教师就翻开已经打印好的图文相结合的汉字;如果幼儿说出教师没有估计到的方法,教师就直接在空白纸上写出此方法。虽然教师并不强求幼儿认识所有出现的文字,但以上做法可以满足部分对文字敏感的幼儿的表达需要,另外有了图解配上文字对中班幼儿更容易理解,同时有利于梳理归纳探索方法。)

师:你们用拨、搓、拧、转、扭……那么多方法使物品转动起来了,真了不起!

5. 引出转动和"力"有关。

教师可以捕捉选择风车的孩子并提问:"刚才是怎么让风车转动?"幼儿可能会回答:"吹。"这时,教师故意不用力吹,使风车转动不起来,然后问幼儿怎么办。当幼儿提出"用力"时,教师顺势出示文字"力",并追问:"我们刚才所想的那么多方法都要用力吗?"最后总结:"原来这些转动的方法都和'力'有关。"

(在科学探索活动中,教师需要引导幼儿获得粗浅的科学知识。转动需要两个要素:轴和力。对于中班幼儿来说,感知"力"这个要素更符合他们的年龄特点。)

三、探索让两种物品一起转动起来

(这个环节是本次活动的难点,是在幼儿掌握一定的使物体转动的方法之后,对幼儿提出的新挑战。)

1. 交代任务。

师:看,这是什么(教师出示手势2,这次代表两样东西)? 接下来要增加难度了哦,请你到后面的桌子上选两样东西,让一样物品帮助另一样物品转动起来。

2. 幼儿操作,教师观察并指导。观察包括以下几个方面:

● 当幼儿出现初步的组合意识时,教师要及时捕捉并鼓励。如:幼儿用绳子穿进光盘的中心时,教师可以提醒幼儿用力甩动绳子。一方面帮助幼儿成功,另一方面自然引导幼儿进一步体验转动要素——力。

● 当幼儿已经通过组合使两个物体转动起来时,教师可以通过提问"你在哪里也看见过这种转动",引发幼儿回忆转动与生活的关系。如当幼儿用筷子在水中搅拌,使水转动起来时,教师可以提出上述问题。

3. 小结"转动与生活"的关系。

小结:留出空间,让幼儿边演示边讲解。教师适当总结、提炼。

(选择一些幼儿为大家演示创造性地转动物品,由此自然引导到生活中的转动。比如,请幼儿演示用筷子或绳子让光盘转动,并提问:"光盘除了这样转动,还可能在哪里转动?"幼儿会联想到光盘还可以在播放器上转动。这时,教师追问:"光盘在DVD上转动后可以怎样呢?"幼儿会依据自己的经验回答。教师再适时总结:"转动给我们带来美妙的音乐、精彩的动画片,让我们的生活更美好。"如果想拓展幼儿的思维,教师可以进一步追问:"家里除了DVD会转动,还有什么会转动?")

四、游戏:想得快说得快

师：你们发现生活中有哪些东西是会转动的呢？想得快说得多——开始（孩子一边说，老师一边把自己事先收集好的会转的物品照片通过多媒体播放出来）！

师：原来转动可以给我们带来那么多方便、那么多快乐……还有哪些转动也会给我们带来好处呢？是不是所有的转动都是有好处的呢？有没有不好的转动呢？让我们到生活中再去仔细观察和发现吧！

# 18. 废物箱

## 活动目标

1. 了解废物箱的作用,懂得垃圾要扔进废物箱。
2. 在具体的游戏情境中,初步学习仿编儿歌。

## 活动准备

制作关于废物箱的图片、供分类的实物若干、广告宣传单等。

## 活动过程

一、观看图片,观察废物箱的特征

1. 通过"猜一猜"引起幼儿的兴趣。(展示废物箱的局部,提问:你们猜猜这是什么?)
2. 逐步观察废物箱的特征。(展示废物箱的整体,提问:废物箱上有什么标志和文字? 它们分别代表什么意思? 废物箱有什么本领?)
3. 教师装扮成废物箱,开展"变变变"游戏。
4. 教师用儿歌小结:我是一只废物箱,天天站在马路边,张大嘴巴哈哈笑,果皮纸屑请进来。

二、出示生活图片,观察哪些地方有废物箱

1. 请幼儿仔细观察废物箱出现在哪些不同的地方。(提问:废物箱还有许多朋友,分别站在不同的地方,请你们找一找,它们在哪里。)
2. 重点讨论个别图片。(提问:站在餐厅里的废物箱,它的肚子里有什么? 站在操场边的废物箱,人们会把什么东西扔进它的肚子里?)
3. 体会我们的身边到处都有废物箱,它们给人们的生活带来了许多方便。

三、提供实物,区分哪些东西可以扔进废物箱

1. 教师提供许多供幼儿分类的实物。(提问:这里有这么多东西,哪些东西是要扔进废物箱的大肚子里? 哪些东西还可利用,要收到对面的盒子里?)
2. 幼儿一边操作,教师一边提示:香蕉皮、苹果皮、小纸片、鸡骨头、鱼骨头等是废物。
3. 幼儿仿编儿歌:我是一只废物箱,天天站在马路边,张大嘴巴哈哈笑,香蕉皮、香蕉皮请进来;我是一只废物箱,天天站在幼儿园,张大嘴巴哈哈笑,小纸屑、小纸屑请进来。

四、制作垃圾袋

1. 教师创设游戏情境"开汽车"。(提问:当你们坐在汽车上,手里有垃圾怎么办? 能把垃圾扔到车窗外吗?)
2. 教师创设游戏情境"逛公园"。(提问:如果在公园里找不到废物箱怎么办?)
3. 师幼共同制作垃圾袋。(教师先示范如何用广告宣传单制作简易的垃圾袋,然后幼儿根据步骤图动手制作,同时幼儿还可以发挥想象,对垃圾袋进行装饰。)
4. 幼儿用儿歌小结:果皮扔进来,花园干净了;糖纸扔进来,草地干净了;垃圾垃圾不乱扔,大家乐得哈哈笑。

# 19. 手　机

■ 活动目标

1. 了解手机的外形特征,及简单的使用方法。
2. 感知生活中手机给我们带来方便。

■ 活动准备

手机、手机号码几组、投影仪。

■ 活动过程

一、引出话题

1. "特奥会"结束了,来自世界各地的运动员们要回自己国家了,要赶快找到阳光三毛,欢送这些特奥运动员。但是阳光三毛不在家,有什么办法可以找到他呢?
2. 幼儿结合生活经验提出各种方法。
3. 观察包装好的手机,一位小朋友说:"我能找到阳光三毛。"
4. 猜猜它是什么?用提问、猜、摸等方法得出结论:这是手机。

二、感知手机

1. 出示 6 位数和 11 位数的两个电话号码,结合日常经验,谈论究竟哪一个是固定电话和手机的号码,了解手机号码有 11 位。
2. 图数对应念出阳光三毛的手机号码。
3. 打电话告诉阳光三毛关于运动会的事情:由幼儿操作,共同提示如何拨号、验证、分辨通话键和结束键的使用。
4. 说说家中谁有手机,什么时候需要拨打手机。

三、操作尝试

1. 每人选取一部玩具手机或报废的手机。
2. 说说自己的手机是什么样。
3. 为自己的手机编制一个号码,互相检查是否有 11 位。
4. 轮换地由一位幼儿说出自己的手机号码,另一位幼儿试着按该号码拨打。
5. 议论:为什么不能几人同时拨打?(打不通)打不通的时候怎么办?(等一会再打或发短信)为什么每部手机的号码不能相同?

■ 延伸

探索手机还有别的本领吗?

# 20. 我家的电话号码

## 活动目标

1. 知道电话号码对我们生活的重要性,并学会正确认读。
2. 愿意了解自己和同伴的电话号码,激发与同伴交往的愿望和情感。

## 活动准备

故事人物插图、数字卡、电话号码条形纸。

## 活动过程

一、情景导入

1. 小老鼠去小熊家里做客,玩得天快黑了,小老鼠想让妈妈来接它回家。它拿起小熊家的电话听筒就叫妈妈,可是为什么电话一直打不通呢?

2. 小老鼠看到上面有很多数字,于是它随便地乱按了几个,嘟嘟,电话通了,你们猜猜谁接到了它的电话?

3. 到底是谁接到了电话(小狗)? 小狗可能对小老鼠说什么?

4. 发现电话号码很重要,不能乱拨,记住自己家的电话号码,就能在需要帮助的时候告诉家里人了。

二、学着拨打电话

1. 看看电话号码,认读小老鼠家的号码是什么。

2. 拨打电话号码:

(1) 幼儿做小老鼠,老师来给小老鼠打电话。

(2) 注意打电话和接听电话的时候要有礼貌,别人才喜欢你。

(3) 发现要正确拨打每一个数字电话才能打通,小老鼠的妈妈接到电话,一会儿就来接小老鼠回家了。

三、排排说说自己家里的电话号码

1. 说说电话号码:小朋友知道自己家里的电话号码吗? 发现我们每一家的电话号码都不一样。

2. 把自己家里的电话号码排列在纸上,告诉给好朋友听。一起来读一读。

# 21. 买水果

## 活动目标

1. 知道秋天是水果大丰收的季节,水果品种多,数量多。
2. 体验并学习不同的数数方法,提高幼儿的数数能力。
3. 在为家人买水果的游戏情景中,激发幼儿关爱家人的情感。

## 活动准备

1. 点子卡片、印有家人象征图的记录纸。
2. 各种常见的水果实物、卡片和粘贴纸。

## 活动过程

一、交流

1. 金色的秋天是一个收获的季节,有许多水果都在这个时候新鲜上市了。说说各自吃过哪些水果呢?

2. 谈论多吃水果的好处。

二、妈妈买水果

1. 了解操作方法:

(1) 出示大篮子,观察提示卡:

① 看看妈妈想买什么水果? 买几个呢? 在心里数一数,赶快告诉大家。交流数得又快又准的好方法,例如:在心里一个一个数;先看两个点子,然后接着数 3、4、5,也有的是用眼睛看的办法,一看就知道是 5 个点子等。

② 装水果篮:按妈妈的提示卡到水果店里买 5 个橘子装在水果篮里。

(2) 提出操作要求:每个人都去拿一个篮子,看清楚妈妈的提示卡,然后用眼睛看一看、心里数一数的办法来买水果,装在篮子里。

2. 幼儿操作。

3. 交流验证:

(1) 和同伴交换篮子互相检查。

(2) 集体检验:按水果的品种归类整理。请动作快的幼儿来介绍数数的方法。

三、游戏"为水果店进货"

1. 交代任务:水果店的老板想去进些新货。请大家来帮他调查哪些水果最受人欢迎。

2. 观察"水果统计表",了解老板原来想进哪几个品种的水果。

3. 讨论各自的家人喜欢吃什么水果,说说爱吃的理由(水分多、味道好、有营养等)。

4. 每人拿一份家人贴纸,按照家人的喜好将头像贴纸贴到相应的水果下。

5. 用先目测再数的方法,逐一进行小统计,对应摆放数字。

6. 说说哪种水果最受欢迎,哪些水果也比较受欢迎。

**附故事**

## 水果的营养

山楂含钙量在秋季水果中最高，是降低血压和胆固醇的"小能手"。孕妇和儿童对钙的需求大，这两类人群不妨在饭后吃点山楂。生山楂还有消除体内脂肪、减少脂肪吸收的功效，减肥的人可以多吃。

柚子碳水化合物最低，是糖尿病和肥胖患者的佳选。

橘子有丰富的维生素 B1，可以止咳化痰，帮助消化。

鲜枣相比其他秋季水果，多项营养元素含量均居首位。

石榴含膳食纤维最高，既防便秘，又治腹泻，还能美白、延缓衰老。

苹果的营养很丰富，它含有多种维生素，含钙量比一般水果丰富得多。

教师、播音员及歌唱演员如常食梨子，可以保护嗓子，化痰，止咳。

# 22. 吃火锅

## 活动目标

1. 再现日常生活情景,体验全家人围坐在锅边吃火锅的欢乐。
2. 不断积累目测一部分接着往下数的经验。

## 活动准备

1. 模拟火锅一个,幼儿自制各种火锅食品,分类放在盘子内。
2. 每人一只盛放生菜的小篮和一只空碗。

## 活动过程

一、进入情境

1. 幼儿模拟围坐火锅边(人数不限,可随游戏逐步增加)。

2. 了解规则:

(1) 取放每一品种的数量可由游戏者事先确定。

(2) 加菜时锅里同类品种不能超过 10 个。

(3) 篮里的菜必须投放到锅里表示烫熟后才能夹出放进碗里。

(4) 必须从自己的篮子里取菜投入锅里,但夹菜时可选锅里的任何品种,不必区别是谁投放的食物。

二、加菜

1. 识别各种火锅菜肴,按自己的喜好往小篮里放三至四种菜。

2. 轮流往火锅里加菜,品种和数量都可由幼儿自定,边加菜边接着某数往下数,每种菜的数量最多到 10。

三、开火

锅里的菜较满后,盖上锅盖,共同念一首儿歌模拟开火,儿歌念完,表示锅里的水烧开了。

四、吃菜

1. 轮流用手做筷子夹菜,放进自己的碗里,数一数各品种的菜吃了多少。

2. 反复夹菜,接着某数往下数,每种菜的数量最多到 10。

五、关火

1. 盖上锅盖,每人数一数今天我吃了哪些食品,各有多少。

2. 与同伴比一比,找出每一种菜吃得最多的朋友。

幼儿在此基础上结合日常生活中跟家人吃火锅的经验,可生成多种玩法:

玩法一:荤素搭配。幼儿先在锅里投放荤菜(每种菜的数量为 10),然后开火、吃菜,用筷子将锅里的菜夹进自己的碗里,等荤菜都“吃”完后,再将素菜放入锅内,继续品尝素菜。

玩法二:每日菜谱。幼儿按照各自的需要和喜好,每天选择不同的菜肴进行“吃火锅”的游戏。

今天、明天和后天的菜肴均不相同（每种菜的数量为10）。

玩法三：时令菜肴。添加时令菜肴,选择两种不同的品种的菜肴混合放入锅里,如：先投放竹笋6根,用接着往下数的方法投放4条鱼,数量仍保持为10。

# 23. 幸运拍

## 活动目标

1. 能迅速并正确地默数 6 以内实物或圆点。
2. 激发幼儿数数的兴趣,锻炼思维的敏捷性。

## 活动准备

1. 有实物的泡沫骰子或转盘。
2. 点子卡 10 套(1—6)。

## 活动过程

一、抛骰子,或转转盘,选卡片

1. 教师抛骰子,或转转盘,看上面的实物,幼儿数出上面的个数,记在心里。

2. 幼儿从桌上选出与刚才个数相同的点子卡,随意贴在身上,并报出此数。

3. 反复多次,待幼儿身上已贴有数字 1—6 的点子卡片后,进入下一个环节。

二、抛骰子,或转转盘,拍卡片

1. 教师抛骰子,或转转盘,幼儿数出上面的个数,并迅速找出自己身上相同的点子卡,拍一下。

2. 游戏反复几次,教师或同伴相互检验。

3. 交换身上点子卡的位置,再进行游戏。

三、抛骰子,看谁拍得快

1. 教师抛骰子或转转盘,幼儿数出上面的个数,并迅速找出同伴身上相同的点子卡,拍在点子卡上。

2. 拍得对则取下贴在自己身上。

3. 反复多次,互相抽查,看谁的身上点子卡片多。

游戏规则:选择拍的数要与骰子或转盘上的数字相同。参与此游戏的幼儿不要超过 10 位。

# 24. 丢失的星角

■ **活动目标**

1. 尝试用图形添画的方式表现生活中常见物品的主要特征，在比较中感知菱形的外形特征，引发幼儿对生活中图形的敏感。

2. 在帮助小星星找回失去星角的情境中体会朋友间相互帮助的快乐。

■ **活动准备**

1. 创意材料组合：圆形、正方形、三角形的双色卡纸，记号笔，彩色水笔。

2. 圆形、正方形、三角形的家。

3. 池塘和星空背景图、星星教具、菱形小鱼若干。

■ **活动过程**

一、回忆发现——生活中的图形朋友

地球上有三个家：圆形家、方形家和三角形家。每个家里都住着许多朋友。说说三个图形家里分别住着哪些朋友？

二、创意表现——图形变变变

节日里很多图形宝宝玩了一整天，该回家了。它们是谁呢？我们身边的东西哪些是圆形、正方形和三角形的？

你想当哪个图形宝宝做成的东西，把它画出来，快回到家里去。

幼儿创作，教师观察并个别指导：

（1）幼儿把图形宝宝变成了什么？有什么新的创意？

（2）幼儿添画时是否表现出该物体的主要特征？

（3）幼儿在创意表现时有什么困难需要老师帮助？

图形宝宝回家。

欣赏交流幼儿作品：哪些图形朋友分别回到自己的家？你认识它们吗？（分析幼儿添画的物体的主要特征）

三、情感体验——找回丢失的星角

图形宝宝都回到了自己的家，可是有个朋友却没有回到自己的家，它是谁呢？（出示小星星）小星星为什么不回到天上去呀？（小星星丢失了一个星角）

操作与讨论：将圆形、方形、三角形分别与小星星缺失的星角作比较。

圆形、方形和三角形朋友能帮助小星星吗？为什么不行？

小星星哭得伤心极了，一不小心掉到了池塘里（出示池塘和星空背景）。

操作与讨论：小鱼是小星星丢失的星角吗？（请幼儿上来拼搭星角）小星星缺掉的星角到底是什么形状的呢？你认识它吗？（教师给以正确的命名：菱形）

小星星找回了自己的星角告别地球上的朋友回到了天上。

## 延伸

引发幼儿到生活中去寻找菱形，并记录下来。

# 25. 鸟儿飞来

## 活动目标

1. 尝试用不同的图形组合的方法画各种鸟。
2. 愿意和鸟做朋友,体验关爱鸟类的快乐。

## 活动准备

1. 欣赏作品——众多的鸟。
2. 记号笔、蜡笔(红色、绿色)。

## 活动过程

一、欣赏导入
1. 你们愿不愿意和鸟做朋友呢? 能不能说出它们的名字?
2. 树林里鸟儿们听说小朋友喜欢它们,都高兴地飞来了。
3. 欣赏作品:
(1) 这是一位画家画的鸟,画得多不多?(因为他非常喜欢鸟,所以画得特别多)
(2) 这些鸟都是他的朋友,它们是什么样的?(有大有小,有的在飞,有的在唱歌,还有许多鸟宝宝等)
二、我们都是鸟的好朋友,大家一起来画鸟
要求:老师画的时候大家不画,老师画好了,大家一起画,看谁画得又快又漂亮。
(一) 画一只大鸟
1. 老师画一部分,幼儿说特征。
师:画一个椭圆形,幼:身体。
师:再画一个三角形,幼:嘴巴(尖尖的嘴会捉虫)。
师:小圆圈,幼:眼睛。
师:半圆形,幼:翅膀。
2. 幼儿也画一只大鸟,教师为幼儿数数,并对幼儿画得很快表示赞赏。
(二) 大鸟说:我要找一个女朋友
1. 老师画一部分,幼儿说形状。
师:画身体,幼:椭圆形。
师:画弯弯的嘴巴,幼:半圆形(大鸟的女朋友有个弯弯的嘴巴)。
师:画眼睛,幼:圆形(师在眼睛上加上眼睫毛)。
师:画翅膀(女朋友说:"我的翅膀也很好看哦"),幼:爱心。
2. 幼儿画大鸟的女朋友,教师也为幼儿数数,鼓励幼儿比画大鸟还要快。
(三) 飞来一只鸟
1. 师:(画一个会飞的鸟)我要向小朋友学习,画得和小朋友一样快。幼儿数数。

2．观察：翅膀和嘴。这是一只会唱歌的飞鸟。

3．幼儿画飞鸟：鼓励幼儿画的鸟飞得比刚才更快。

三、幼儿创作

像画家叔叔一样做鸟的好朋友，画许多鸟，让许多小鸟飞到大鸟的身边来。

1．用为鸟命名的方法介绍幼儿的创意，画出各不相同的鸟。

2．介绍幼儿作品的内容：鸟的羽毛也越来越丰满了，鸟窝里的鸟蛋也一个个孵出来变成小鸟了。有的小鸟正在找虫子吃，有的小鸟正跟着大鸟一起学飞。

3．用计数的方法鼓励幼儿画许多鸟。

4．鸟儿飞进大树林：再一次欣赏作品并用涂色笔稍许涂色。

前面是一片树林，鸟儿们的肚子饿了，快吃点东西吧，红色的是果子，绿色的是毛毛虫。吃饱了才能飞回自己的家。

四、展示作品，欣赏多媒体课件"鸟的歌声"

1．老师将幼儿的作品围在欣赏作品的周围。我们的小鸟飞来了，合在一起比画家叔叔的鸟还要多，哪些小朋友的鸟最多？

2．欣赏多媒体课件，聆听鸟的歌声（幼儿选择，老师播放，让每一位幼儿都有机会聆听鸟的歌声）。

（1）请画得最多的小朋友来请鸟唱歌，学学鸟鸣声。

（2）请画得最大的小朋友来请鸟唱歌，学学鸟鸣声。

（3）请画得最特别的小朋友来请鸟唱歌，学学鸟鸣声。

（4）请果子喂得最多的小朋友来请鸟唱歌，学学鸟鸣声。

3．小朋友喜欢鸟，鸟也喜欢你们，它们经常在树林里唱歌。请大家注意听，一定会听到它们不同的歌声。

# 26.叶子精灵

## 活动目标

1. 感知树叶不同的形状和颜色,激发幼儿观察树叶的兴趣。
2. 使用叠色的方法有目的地选择颜色,表现各自对树叶的观察印象。

## 活动准备

采集的各种落叶(银杏叶子、枫叶等)、落叶图片或多媒体课件、背景音乐、蜡笔、画纸和剪刀等。

## 活动过程

一、欣赏美丽的落叶

1. 师(出示幼儿捡落叶的照片):你们捡到了哪些落叶? 你们是如何挑选落叶的? 落叶上有哪些颜色?

2. 师(出示一幅有许多落叶的图片):现在,我们来到了美丽的树叶王国,这儿住着一群树叶小精灵,请你们找找这里有没有你们没见过的颜色。(引导幼儿仔细观察落叶的颜色,并提出问题:落叶上的黄色、红色都是一样的吗?)

二、师幼共同尝试叠色

1. 师:这时,枫叶妹妹过来了,她告诉树叶精灵们,秋风姐姐要请大家去参加舞会! 树叶精灵们顿时兴奋起来,开始忙着准备参加舞会的服装。树叶三兄弟轻轻地随风飘过树梢,美丽的叶姐姐吸引住了他们的目光(出示叶姐姐的图片)。请你们仔细观察,叶姐姐身上有哪些颜色? 分别在什么部位?

2. 教师示范叠色,请个别幼儿参与。

师:瞧! 叶姐姐侧着身子多美丽动人! 叶姐姐请你站站稳!(示范印画叶子的外部轮廓,并提醒幼儿画轮廓的时候不要移动叶子)

师:叶姐姐,你的衣裳真美。(一边请幼儿说说叶姐姐身上的颜色,一边示范涂上相应的颜色)叶姐姐披上了橙色的外套,染上黄颜色,染上红颜色,黄色和红色抱在一起亲一亲。还有哪些漂亮的颜色? 叶姐姐的衣服上有那么多漂亮的颜色,太令人羡慕了! 树叶三兄弟都说,叶姐姐简直是叶子王国里最美丽的树叶精灵。

三、了解树叶的排列组合

1. 师:叶姐姐如此光彩照人,树叶三兄弟都有些丧气了。正在这时,一个快乐的身影轻轻飘过,原来是广玉兰小弟(出示广玉兰的图片)。奇怪,广玉兰小弟怎么会有红头发呢,看上去真有趣。原来,有一片小红叶帮了广玉兰小弟的忙,现在大家都叫他"一点红"。

2. 师:舞会上,树叶精灵们都围着叶姐姐跳起了舞,大家都称赞叶姐姐是最美丽的树叶精灵,叶姐姐却说要感谢大家,因为如果没有大家围成圈陪她一起跳舞,叶姐姐将会多孤单、多寂寞呀! 树叶精灵们发现了一种让自己更美丽的办法——排列各种队形。

四、幼儿自由创作

师：还有哪些树叶精灵想去参加舞会呢，请你们在纸上画下来。（幼儿自由创作的过程中，教师播放轻音乐。与个别幼儿交流时提出问题：你的树叶精灵是什么颜色的？能不能找来其他树叶做裙子、裤子、帽子或外套？）

五、共同舞动

播放圆舞曲的背景音乐，请幼儿剪下自己的树叶和树叶精灵们一起排列成共同商议的队形，教师和幼儿一起翩翩起舞。

# 27. 花园里有什么

## 活动目标

1. 在充分感知春天季节特征的基础上,尝试用不同的图像组成画面,表达自己的发现。
2. 愿意与同伴分享交流各自的经验,进一步感受散文诗的优美意境。

## 活动准备

1. 浅绿色正方形纸(纸上划有三条表示地面的绿色线条),深绿或深蓝色水笔,各色蜡笔。
2. 幼儿共同准备画有各种昆虫的小纸片,搜集蝴蝶粘纸和固体胶。

## 活动过程

一、情境

美丽的春天已经来到了,我们每天走进花园都会找到许多小可爱,还把它们记录了下来,一起做成了一个大花园,布置在活动室里。现在,我们一起在这张画上找一找花园里有什么。

二、讨论

按照画面上的四个人物,运用散文诗《花园里有什么》的内容,共同寻找和讨论:

1. 花园里看得到的是什么? 花园里都有些什么样的花朵? 它们有些什么不同?

2. 有些东西有时看得到,有时看不到,能不能从画里把它们找出来? 我们是怎样找到它们的呢? 美丽的蝴蝶非常难画,我们是怎样学会画的? 小鸡或小鸟的叫声又可以怎样在画面上表示呢?

3. 还有的东西用鼻子闻不出来,用耳朵也听不到,就真的找不到了吗? ……小朋友的小草为什么画得这样简单? 请他来介绍自己走在草地上的感觉。

三、创作

1. 我们在花园里发现的比图书里的小男孩更多,说也说不完,我们就来画一张自己的花园,用它来编成自己的图画诗。

2. 幼儿创作过程中教师结合散文诗关注幼儿当前的创作,引导幼儿不断思考和交流。以下为活动过程中的部分实录。括号里正体字为教师的介绍,斜体字为幼儿的介绍。

猜猜看,花园里有什么? 看得到的是:

(小蝌蚪睁大了眼睛在找妈妈,一排排的小树在长高),树林里有树哥哥和树弟弟,花园里一定也有花姐姐和花妹妹。

(……已经看到了美丽的三角花,……发现了温暖的阳光,……找到了泥土中的小虫,……看到了好大一片草地,……看到了池塘里的荷叶一片又一片。)

(……看到了正在飞舞的蝴蝶),蝴蝶是很难画的,你是怎么学会的呢?(我是照着书上画,然后就记住了。)

哇! 一只蝴蝶只有一对翅膀活得成吗? 不行,它受了重伤。(原来漏画蝴蝶翅膀的幼儿,立刻添上了另一对翅膀)。

……这位小朋友画的蝴蝶特别美丽,给你们看一分钟。

呱呱呱,这是谁的叫声?(青蛙妈妈呱呱呱地叫,正在找她的宝宝。)嘎嘎嘎,又是谁来了?(一只小鸭正在草地上散步。)

有没有找到有时看得见、有时看不见的小可爱呢?(蝌蚪长出了后腿——前几天它还没有长出来,现在长出来了。)(小鸟在窝里的时候我看不见,飞出来我就看见了。)

(我摸到了毛毛虫软软的身体)还能摸到什么呢?……伸出小手摸到了粗糙的树皮。

我们的花园越来越美丽,让我们来检查一下:我们的花园里看得到的是什么,听得到的是什么,闻得到的是什么,有的东西我们看不到、听不到也闻不到,我们能找到吗?(幼儿欣赏检查自己的花园。)

四、仿编

我们每个人都有了一个美丽的花园,我们也能编一首自己的《花园里有什么》,现在我们先来编第一段好吗?(教师说诗歌的名称后,幼儿开始集体朗诵第一段词句,并在其中插入自己画面上的内容。)

集体:猜猜看!花园里,看得到的是什么?看不到的是什么?

不用猜,我知道,花园里看得到的是

个别插入:看得到的是漂亮的小花和嫩草,

看得到的是美丽的蝴蝶在花丛中飞舞,

看得到的是小鸡和小鸭正在一起玩耍,

看得到的是小蝌蚪在找它们的妈妈……

集体:还有……还有……哎呀!太多了,我说不完啦!

花园里看不到的是花草的清香,凉凉的微风。

还有……还有……

## 附散文诗

### 花园里有什么

(划线部分为幼儿填词)

猜猜看!花园里,

看得到的是什么?看不到的是什么?

不用猜,我知道,花园里看得到的是,

太阳公公红红的脸膛,美丽的花朵在太阳底下张开了笑脸,

青青的草地像绿色的地毯铺在花园里,柳树姑娘长长的辫子在微风里飘来飘去,

勤劳的蜜蜂在采蜜,蝴蝶在翩翩飞舞,可爱的花儿在开放。

还有小白兔在一跳一跳又一跳。

还有……还有……哎呀!

太多了,我说不完啦!

花园里看不到的是花草的清香,凉凉的微风。

还有呢?

远处树丛中,布谷鸟"布谷"、"布谷"的叫声,
阳光中的红、橙、黄、绿、青、蓝、紫的颜色。

还有……还有……哎呀!
我不知道啦!我没看到,怎么会知道呢?

有一些东西,有时看得到,有时看不到,
像
小蚂蚁在泥土里忙碌地松土,
雪白的云彩从头顶飘过。

不过,有些东西真的看不到。
要用耳朵才能听得见,要用鼻子才能闻得到。
那是　蜜蜂嗡嗡地扇动翅膀,
那是　花草的清香,
那是　青蛙的"呱、呱"叫声,
那是　小河在欢快地歌唱,
还有呼呼的风声,花园里粉红的百合花散发着沁人的花香。

还有些东西是用鼻子也闻不出来,
用耳朵也听不到的。
就真的找不到了吗?
那是　凉凉的微风吹在脸上痒痒的感觉,
那是　呼吸清新的空气舒服的感觉,
那是　太阳晒在身上暖洋洋。

还有些东西是用鼻子也闻不出来,
用耳朵也听不到的。
就真的找不到了吗?
那是　泥土下的种子宝宝,
那是　池塘里刚出生的小蝌蚪宝宝和河里游动着的鱼群,
还有　草丛里跳高的蚱蜢。

嘘——让我们仔细去寻找,
小声点,
不要吓跑了花园里各种看得到、看不到的小可爱。

# 28. 爷爷一定有办法

## ■ 活动目标

1. 初步尝试使用剪刀,按照故事线索剪出各种物品。
2. 有兴趣地阅读图画故事书,关注故事线索的发展,感受成长中长辈的关爱。

## ■ 活动准备

1. 故事《爷爷一定有办法》图片或课件。
2. 每人一份:一个小筐、一张天蓝的色纸、一把剪刀。

## ■ 活动过程

一、观赏画面,再现故事大意
回忆故事:爷爷一次次地把毯子变成了什么?
二、用蓝色纸学着像爷爷那样咔嚓咔嚓剪一剪、变一变
1. 随着故事发展,尝试由方形毯子剪成衣服、背心、领带、手帕和纽扣。
2. 以剪直线为主,思考剪纸的部位和方法,大胆表现。
3. 教师采用帮一帮、放一放、推一推的方法,使每个幼儿获得自信,独立剪纸。
三、观看图画书
1. 听完故事以后为故事起个名字,并说出各自的理由。
2. 重复看一次课件,找一找还有哪些老师没有讲到的画面。
四、活动延伸
1. 继续看图书,用图像或符号把发现的情节找出来,加入故事内容。
2. 讲一讲小老鼠一家的故事。
3. 在教师为幼儿提供的老鼠一家画面上,用剪下的碎纸进行装扮。
4. 剪剪画画自己家里的有趣故事。

## ■ 附故事

### 爷爷一定有办法 (缩写)
#### 原作者:非比·吉尔曼

当约瑟还是娃娃的时候,爷爷为他缝了一条毯子,这条毯子又保暖、又舒服。

约瑟渐渐长大了,终于有一天,这条毯子不能用了。

爷爷拿起剪刀开始剪,再用针飞快地缝,做成了一件外套。

约瑟渐渐长大了,终于有一天这件外套实在不能穿了。

爷爷拿起剪刀开始剪,再用针飞快地缝,做成了一件背心。

约瑟渐渐长大了,终于这件背心实在不能穿了。

爷爷拿起剪刀开始剪,再用针飞快地缝,做成了一条领带。

约瑟渐渐长大了,终于有一天这条领带实在不能戴了。

爷爷拿起剪刀开始剪,再用针飞快地缝,做成了一条手帕。

约瑟渐渐长大了,终于有一天这条手帕实在不能用了。

爷爷拿起剪刀开始剪,再用针飞快地缝,做成了一颗纽扣。

约瑟渐渐长大了,终于有一天,约瑟的纽扣掉了,再也找不到了。即使是爷爷也没有办法变出来了。

不过,约瑟把这件事写了下来,还画上了图画,成了一个故事,故事的名字叫做"爷爷一定有办法"。

# 29. 打开冰箱看一看

■ **活动目标**

1. 联系个人想象,重现摆放冰箱食品的经验。
2. 尝试将观察对象基本部分归纳为图形的方法,大胆表现它们各不相同的特征。

■ **活动准备**

1. 幼儿在家制作冰箱调查记录表。
2. 三角、圆、椭圆、方、长方等基本图形。
3. 冰箱食品,如小房子牛奶、棒棒糖、蛋筒、巧克力、面包等食品的照片。
4. 纸剪冰箱、记号笔、蜡笔。

■ **活动过程**

一、导入主题

1. 根据冰箱经验调查介绍:谁住在我们的冰箱里。(教师:你家的冰箱里面住了哪些好朋友?)
2. 讨论:它们为什么喜欢住在这么冷的地方?
3. 大家的冰箱里面都住了许多好朋友,我们今天去小动物家做客,看看它们冰箱里的好朋友在做什么呢?

二、交流欣赏

1. 欣赏小动物的冰箱:
(1)大嘴猴的冰箱:鸡蛋弟弟在冰箱里和好朋友玩(表演杂技)。
(2)魔术师猫的冰箱:蛋筒小姐在冰箱里和好朋友玩(滑滑梯、滑板)。
2. 交流:好朋友们在冰箱里面玩什么?
3. 冰箱里的好朋友真多啊,有没有发现一个小秘密:图形宝宝藏在它们身上跟我们捉迷藏呢,我们一起去把它们找出来吧(说一个,翻一个)!

小结:好朋友们都是由不同的图形组合而成的。

三、绘画

1. 你们冰箱里的好朋友又在做什么呢?
2. 绘画:画一画各自冰箱里的好朋友,让它们手拉手。
3. 想象它们拉起手来变成了什么,还有哪些朋友也可以添上去拉手,拉起手来后是不是又变成了另一样东西。

四、分享

1. 为自己的组合命名:说一说冰箱里的好朋友是谁?
2. 为朋友冰箱里的朋友命名:想象它们像什么。

# 30. 在妈妈的肚子里

## 活动目标

1. 在为画面涂画的过程中，表现爱妈妈的情感。
2. 学用手指点画添画的方式造型，初步把握水粉的特性与操作方法。

## 活动准备

1. 大肚子妈妈画面三份（其中两份为已完成作品——这个材料可以是两件孕妇装，无需是两个妈妈。如果需要比较，主要是比较涂色是否均匀，有无涂出轮廓外，而不是图案）。
2. 幼儿人手大肚子妈妈画面一份。
3. 粉红、天蓝、土黄、草绿水粉色，记号笔，小抹布。

## 活动过程

一、再现经验

1. 你们是谁生的？老师是谁生的？所有的人都是谁生的？（了解所有的人都是自己的妈妈生的。）

2. 谈谈我们没有生下来以前在哪里，宝宝在妈妈肚子里的时候，妈妈是什么样的？（了解我们在妈妈的肚子里渐渐长大，妈妈的肚子也一点点地大起来，就是穿上宽松的外衣，也能发现妈妈的肚子很重，一定很累，但是，妈妈一想到有宝宝就很高兴，再累也不怕。）

二、欣赏操作

1. 欣赏教师制作的作品，比较三位妈妈谁的肚子里有小宝宝。

2. 共同为第三位妈妈（明明的妈妈）添画小宝宝：明明在妈妈肚子里好小好小，只有一个圆圆的脑袋，外加一个小小的身体（用指腹重点画面），还有小胳臂小腿呀（师示范用指尖轻点画面）。

3. 谈论妈妈的孕妇装：

（1）妈妈们为什么要穿这么宽大的衣服？（让宝宝舒舒服服地住在妈妈的肚子里飞快地长大。）

（2）明明的妈妈的肚子一天天地大起来，好累又好高兴，她想："我也要像别的妈妈那样穿上漂亮孕妇装，让大家都来分享我的快乐，明明虽然看不见，可是一定会感觉到妈妈有多爱他。"

（3）参考其他两位妈妈的服装花纹，共同商议用点画的方法为明明妈妈画上美丽的花纹。

（4）明明长得更大了，在医院的仪器里已经能看到他的眼鼻、嘴巴（用记号笔在水粉已干的部位添加主要特征），妈妈为明明准备了很多礼物（添画奶瓶、纸尿裤）。妈妈就到医院把明明生下来了。

三、想象表现

1. 想象自己在妈妈的肚子里是什么样。
2. 想象妈妈穿上好看的孕妇装。

3．在画面的周围添上妈妈为宝宝准备的物品。

四、分享交流

看看说说：我们在妈妈的肚子里是什么样，妈妈为我们准备了些什么。

# 31. 小鸡小鸭在一起

## 活动目标

1. 区别小鸡和小鸭的明显不同,表现小鸡、小鸭在一起的情景。
2. 初步尝试用蜡笔勾线、用水粉涂色,把握作画的步骤和不同性能的笔的使用方法。

## 活动准备

1. 插入材料:小鸡和小鸭的图像各一。
2. 黄、土黄、橙、褐等各色油画棒,小毛笔,绿色(不同深浅)、粉红色、玫红色水粉颜料。

## 活动过程

一、进入情景

1. 春天来了,鸡妈妈下了一个鸡蛋,鸭妈妈下了一个鸭蛋。哪个是鸡蛋,哪个是鸭蛋? 它们的颜色一样吗?(幼儿观察讨论)

2. 鸡妈妈和鸭妈妈一起蹲在它们的蛋上孵蛋。一天过去了,鸭妈妈说:"我的宝宝还没出来呢,让我去散散步吧。"鸡妈妈蹲在蛋上一动也不动。第二天过去了,鸭妈妈说:"我的宝宝怎么还没出来呢,让我去河边喝口水吧。"鸡妈妈还是蹲在蛋上一动也不动,寸步不离。

3. 日子一天天过去了。有一天,鸡妈妈听到了"笃、笃、笃"的声音,原来是鸡宝宝出壳了。这下,鸭妈妈着急了:"哎呀,我的宝宝怎么还不肯出来呀?"

4. 鸡妈妈说:"还是让我来帮帮你吧。"又过了好多天,终于传来"笃、笃、笃"的声音,小鸭宝宝也出壳了。

二、观察比较

1. 小鸡和小鸭的不同。观察比较小鸡和小鸭的嘴、脖子、脚爪的不同。

2. 小鸡和小鸭学唱歌。小鸡唱歌唧唧唧,小鸭唱歌嘎嘎嘎,它们一起去问妈妈,它们的妈妈说:"小鸡唧唧真好听,小鸭嘎嘎也不差。"小鸡、小鸭一起唱"唧唧唧,嘎嘎嘎",鸡妈妈和鸭妈妈听了笑哈哈。

三、操作尝试

1. 又是一个好天气。谁先出门去?(出示小鸭图像,重点引导幼儿观察小鸭的脖子是长长的,并添画扁嘴巴和脚蹼。)

2. 今天小鸭准备出门找小鸡玩。小鸭不想每天穿淡黄色的衣服,那可以穿什么颜色的衣服呢?(幼儿从颜料盒中选择)

3. 师生轮换地涂小鸭身上的绒毛:注意指导幼儿蘸颜料的方法。如"小毛笔喝喝水,哎呀,下雨了,小鸡最怕下雨了,赶快到边上揿三下"。

4. 想象小鸭会和小鸡玩什么。

四、操作表现:小鸭、小鸡在一起

1. 边画边思考小鸡和小鸭的不同。

2．选择相似的水粉色给小鸡、小鸭涂色。

3．想象小鸡、小鸭在玩什么，在哪里玩，用其他颜色的水粉颜料添画。

五、展示交流体验

1．展示作品：小鸡、小鸭都来到大草地上。

2．观察发现作品中小鸡和小鸭在干什么。

3．小鸡和小鸭大合唱。（一部分幼儿扮作小鸡，另一部分幼儿扮作小鸭，一起唱小鸡、小鸭游戏歌：小鸭小鸡，走在一起，〈分〉小鸭嘎嘎嘎，小鸡唧唧唧，嘎嘎嘎，唧唧唧，〈合〉嘎嘎嘎，唧唧唧，嘎嘎嘎，唧唧唧〈注：此处可变化节奏〉，祝妈妈母亲节快乐）

### 延伸

1．用小乐器玩小鸡、小鸭一起唱歌的游戏，如小铃表示小鸡、圆舞板表示小鸭等。

2．想象还有哪些动物宝宝也会从蛋壳里钻出来，学着画画它们的模样，用小乐器邀请它们一起来唱歌。

# 32. 游　船

## 活动目标

1. 感受遵守规则与安全的关系,乐意遵守规则。
2. 比较和熟悉动物不同的外形特征,表现想象中的游河情景。

## 活动准备

1. 甘伯伯撑着小船去游河的画面。
2. 兔子、猫、狗、猪、羊的简单动画。
3. 幼儿人手一张图画纸,将图画纸的一侧底边向后折起。用包装纸剪一艘小船贴在图画纸向后折起处,幼儿在图画纸上画完小动物后再把小船向前翻过来,以此表示动物们"乘上了小船"。
4. 记号笔,特种彩棒,深蓝色、淡绿色、白色的水粉颜料。

## 活动过程

一、结合故事比较角色特征

1. 郊区有位甘伯伯,他家门前有条河。一天,甘伯伯划着他的小船去游河。
2. 两个小孩说:"我们跟你去好不好?"(引导幼儿观察哪个是男孩哪个是女孩。)
甘伯伯说:"好吧,只要你们不吵闹。"
3. 兔子说:"甘伯伯,我也一起去行不行?"(引导幼儿观察兔子和孩子哪些地方不一样。)
甘伯伯说:"好吧,请上船以后不要乱蹦乱跳。"
4. 猫和狗说:"我们也想坐一次船。"(引导幼儿观察猫和狗有什么不同)
甘伯伯说:"好吧,猫不能拉兔子的尾巴,狗不能拉猫的耳朵。"
5. 猪和羊说:"甘伯伯,我们可以乘船吗?"(引导幼儿观察猪和羊有什么特别的地方)
甘伯伯说:"好吧,你们在船上可不能摇晃。"

二、谈论动物们怎样才能安全游河

1. 一开始,大家都很安静,但是过了一会儿,大家看见美丽的风景兴奋起来,忘了刚才答应甘伯伯的话。猪和羊晃来晃去,狗去拉猫的耳朵,猫去拉兔子的尾巴,兔子乱蹦乱跳,孩子们吵吵闹闹起来。结果会怎样?(船翻了)
2. 大家只能一起游泳到岸边,甘伯伯请他们到家里喝了一杯热茶,然后说:"下一次再来游河吧,再见了。"
3. 小朋友和动物们都好后悔,他们想下次一定要记住甘伯伯的话,安全地去游河。

三、大胆想象带动物游河的情景

1. 今天甘伯伯又要去游河了。他请小朋友做船长带着动物们去游河。
2. 小船长在码头集合队伍,想象几位乘客上了船(用记号笔画出人物和动物的特征),他们是谁,该怎样提醒他们。

3．给每位客人发一件救生衣（选用某种颜色的特种彩棒沿着人物和动物的轮廓勾边）。

4．一起去游河，乘上小船（将背面小船翻至正面）游河了（用水粉颜料涂抹河水）！

四、交流分享

1．展示作品：小船靠岸（将作品布置在幼儿熟悉的旅游背景上，例如：世博码头、朱家角、苏州河等）。

2．看看说说船上有谁，小船长怎样提醒他们或为他们做些什么，为安全抵达目的地而高兴。

# 33. 可爱的家

## 活动目标

1. 尝试利用简单的汉字组合和有目的地选色,涂画自己想象中的房屋。
2. 关注周围的居民小区,体会大家友好地居住在一起的快乐。

## 活动准备

1. 供欣赏用的吴冠中的作品《人之家》。
2. 观察画面:两幢房屋、四幢房屋、有许多房屋的小区、添加红色屋顶的小区、添加黑色屋顶的小区。
2. 黄色、绿色、粉色色纸,勾线笔,特种彩棒。

## 活动过程

一、欣赏讨论

1. (演示人字)这是人字。

2. (演示口字)这是口字。

3. (演示两条竖直线)这是两条腿,这个人正唱着歌儿向前走,他是来造房的。

4. (演示屋顶)他把一根长长的木头扛在肩膀上,哎呀,太重了,赶快找根结实点的木头来顶住吧。他砌好了墙,不一会儿房子就造好了……数一数房子上的"口",说一说住着几口人。

5. (观察两幢房子的画面)旁边搬来了一户新邻居。找一找房子上有没有"人"字,住了几口人。新老邻居互相打招呼:"欢迎欢迎!""你好你好!"

6. (观察四幢房子的画面)又搬来一户新邻居,这幢房子的"人"在哪里? 和刚才两幢房子有什么不一样?

7. (观察完整画面)小区里住满了人,但是房顶没刷颜色。幼儿讨论给房顶刷什么颜色,有的说用蓝色,有的说用黄色,有的说用绿色。最后,经过讨论,大家说:"还是用一种颜色比较好,其他好看的颜色留给别的小区吧。"

8. (观察添加红色屋顶的小区画面)哇,屋顶都刷上了红色,看上去又漂亮又整洁。红色像什么? 为小区命名,比如"太阳小区"。

9. (观察添加黑色屋顶的小区画面)我们走到另外一个小区,找找这个小区的"人"字在哪里。屋顶都是黑色的,就像我们的眼睛和头发,这个小区可以叫什么名字呢?(如黑珍珠、大熊猫等)

二、创作表现

1. 我们也来做建筑工人。走到工地上,"人"在哪里? 能把"人"字和"口"字变成房子吗?

2. 建筑材料又多又重,这次是用这个肩膀扛木头,下次换个肩膀扛,还可以当个大力士两个肩膀一起扛。

3. 房子造好了。房子里住的人有的多,有的少,你开窗,我开窗,大家说说话多好呀。

4．小区里的人一起商量选用什么颜色刷屋顶,然后为屋顶刷上选定的颜色。

三、分享交流

1．将屋顶颜色相同的作品放在一起构成一个小区。

2．按颜色找一找今天建成了几个小区。

3．按颜色为小区命名,如绿叶小区、蓝天小区等。

## 延伸

将幼儿创作的各色"小区"拼接起来,为"小区"增添绿化和其他设施等。

图1　　图2　　图3

# 34. 小猪的婚礼

## 活动目标

1. 欣赏小猪的婚礼中为朋友做服装的创意,感受共同欢庆的快乐心情。
2. 大胆想象服装的式样,把握用蜡笔短线涂色不涂出轮廓线的方法。

## 活动准备

1. 故事《快乐的婚礼》部分画面或录像片段。
（1）为参加婚礼的朋友画衣服。
（2）婚礼中的舞蹈。
2. 两个故事主人公——新郎波哥、新娘圆尾妞的插图。每人一只纸剪的肉色小肥猪、勾线笔、蜡笔。

## 活动过程

一、欣赏谈论
1. 观察两只小猪的造型,介绍主人公:新郎波哥、新娘圆尾妞,今天要举行婚礼!
2. 观看"肮脏的猪们"、"猪们在化妆"等画面并谈论:
（1）难闻的气味是从哪里来的? 新郎新娘为朋友们想出了什么好办法?
（2）猪朋友们穿上什么样的衣服? 怎样打扮?
二、操作尝试
1. "等等我!"一对猪朋友急匆匆地赶来,看见大家都穿得这样整齐,自己却什么也没穿,感到十分难为情。新郎波哥、新娘圆尾妞说:"没问题,来吧!"
2. 男孩扮作新郎,女孩扮作新娘,轮换为一对猪朋友添画服装(衣领、领结、背带裤、点子衬衫、手表、鞋子、帽子等)。
3. 观察教师为其中一只猪的服装涂色,参与尝试短线连接不涂出轮廓线的涂色方法。教师对幼儿提出要求:"今天可是去参加婚礼,衣服一定要干净,边线不要钩破哦。"
三、想象创造
1. 新郎说:"朋友们,欢迎参加我们的婚礼,请大家稍等,还有一些贵宾没有赶到。"正在这时,贵宾来了! 也是什么也没有穿,好难为情。新郎又说:"没关系,大家来帮忙,加油吧!"
2. 穿上最流行的服装,戴上最珍贵的项链……（及时介绍同伴的奇思妙想）
3. 上颜料了,可要小心哪,这可是新衣服,只有参加婚礼的时候小猪才能穿上呢。
4. 别脱了光脚,光膀子、光屁股就没礼貌了。
四、交流体验
1. 婚礼进行曲响起来了! 请各位就座(贴上各自的小猪,男女各站一边)!
2. 今天大家都打扮得好漂亮,请漂亮的贵宾们找个舞伴拉起手来。观赏快乐的婚礼画面,男孩和女孩手拉手和新郎新娘一起跳舞。

# 35. 散　步

■ **活动目标**

1. 用绘画方式表现各种人物的细节特征,学习有目的地选配颜色。
2. 关注周围的人物外貌、服装等不同的特征。

■ **活动准备**

1. 马路场景。
2. 供添画用的背景画面——画有许多人的轮廓,签字笔,油画棒。
3. 大班幼儿作品《在人群中》。

■ **活动过程**

一、再现情景

1. 谈论师幼共同布置的场景——"热闹的大马路"。

一条热闹的马路,路边种着许多高高低低的树,还盖起了漂亮的高楼,越来越多的人搬进了新造的高楼里,大马路一下子变得热闹起来。我们每天走在马路上也会碰到各种各样的人。

2. 每天走在马路上看见过谁呢?(根据幼儿的回答出示相应的人物图片)

幼:我遇见过老爷爷。

师:老爷爷和叔叔伯伯有什么不一样?(老爷爷拄着拐杖,头发稀少等)

师:我们看见老爷爷怎么打招呼?

幼:老爷爷好!

幼:我看见马路上有警察。

师:你是怎么一眼就认出他是警察呢?(警察戴着警帽,穿着警服,很神气)

幼:马路上还有外国人。

师:外国人和中国人长得一样吗?外国人有什么特别的地方呢?(大多有卷卷的头发、高高的鼻子等)

师:有的外国朋友在上海工作,有的是到上海来游玩的。看到外国朋友,我们该怎么打招呼?

幼:Hello! 嗨! 你好…

二、讨论表现方法

1. 出示马路场景:"今天天气真不错,我们一起去马路上散步吧。"

2. 添画人物特征。

马路上走来一群人,我们来找一找人群中的男孩和女孩在哪里,哪个是男孩? 哪个是女孩?(在比较中找出男孩和女孩诸多不同特征,找得越多越好)

3. 欣赏大班幼儿作品。

(出示大班幼儿作品《在人群中》)马路上的人越来越多了,哥哥姐姐也到马路上散步了。看一看哥哥姐姐在马路上遇见了谁。

三、创作表现

1. 想不想和哥哥姐姐一起散步去? 第一个会遇到谁?

2. 他们有什么特别的地方? 会去干什么?(引导幼儿添加人物各部分特征)引导幼儿互相学习。

3. 今天马路上的人真多呀! 我们还看见了谁?

四、分享交流

1. 我们来到马路上。(幼儿将作品布置在大马路的背景画面中)

2. 我们在马路上遇到了谁?(说说同伴画面上的人物)

3. 马路上有许多我们不认识的人,有的不太看得清脸部。让我们像哥哥姐姐那样送给他们一个好看的颜色表示友好吧。

## 延伸

挑选颜色,分别和背景颜色进行比较,然后用一种合适的颜色在没有添画特征的人物轮廓内涂上颜色。

# 36. 拾落叶

## 活动目标

1. 有目的地观察树叶上不同的颜色,感知秋天树叶色彩的变化。
2. 尝试在树叶上较均匀地涂色拓印。

## 活动准备

1. 黑色卡纸,淡黄、橘黄、咖啡、淡绿、大红等水粉色,小毛笔。
2. 两个盒子:一盒各种树叶、一个准备放置已拓印过的树叶的空盒。

## 活动过程

一、引出课题、激发幼儿兴趣

冬天来了,大树上还留着最后几片树叶,准备和我们告别,看,它们来了。(出示不同的树叶)

1. 逐一让幼儿说出不同的树叶像我们生活中的某一物品。

2. 分辨这些树叶有哪些颜色? 寻找桌上相应颜色的颜料?

二、引导幼儿探索树叶拓印的方法

1. 观察教师示范。

(1)出示一片树叶,以树叶的口吻说:"我的身体有两个面,一面是正面,一面是背面,正面比较光滑,颜色比较深,你们可要在我的背面沾上颜料,谁来找一找哪面是背面?"(请幼儿摸一摸感受背面的叶脉)

(2)现在树叶要选择喜欢的颜色(红色),思考在树叶的正面沾上颜色,还是在树叶的背面沾上颜色呢?(背面)

用拇指扶住树叶的叶柄,这样涂颜色时手就不会脏了,背面朝上,轻轻放在桌上,从上到下排着队一排排地涂颜色(在涂时故意留空白)。涂完了吗?(没有)噢,把树叶全部涂满,不要留空白。

(3)涂好了,把树叶轻轻地放在黑纸上,不能移动,用手按一按,边说"树叶树叶站站好,不要动,一、二、三",把手移开,哈哈,拾到一片树叶啦,漂亮吗? 树叶身上还有颜色,怎么办呢?(幼儿出主意)再换个地方印一印吧!(引导幼儿把树叶朝不同的方向印)

2. 请数位幼儿分别尝试换一种颜色,来玩一玩,其他幼儿一起讲步骤。

3. 共同数一数我们已经拾了几片树叶。

三、模拟游戏——拾落叶

拾落叶喽! 今天我们来比一比谁拾的落叶数量多,颜色也多。

1. 每人拿一张黑色卡纸,带着它去选一个喜欢的颜色。

2. 在拓印中思考操作步骤。

3. 如果手有些脏,用毛巾擦一擦,再带着纸找其他颜色继续拓印。

四、分享交流

找一找谁拾的落叶多,谁用的颜色最好看,谁印得最清楚,发现大家都是树叶的好朋友。

# 37. 过新年

## 活动目标

1. 体验民族风情,感受迎新春热闹欢快的气氛。
2. 大胆尝试用手势指挥和小乐器合奏等方法表演歌曲,体会合作演奏的乐趣。

## 活动准备

1. 略多于幼儿人数的小乐器,如:小铃、圆舞板、铃鼓等。
2. 大鼓和镲各一。

## 活动过程

一、谈论迎新春主题

1. 刚过了元旦,再过几天就要过一个我们中国人的节日,这是什么节?

2. 在中国的新年(春节)里人们做些什么?

二、演唱歌曲《过新年》

1. 演唱歌曲。

随着歌声想象人们是怎样过年的,如何表现热闹的欢庆场面。

2. 再次演唱,想象新年敲锣打鼓的情境,教师运用情景语言纠正幼儿的口型,做到吐字清晰。如:

师:锣鼓敲起来的时候会发出什么声音呢?

幼:咚咚咚、呛呛呛。

师:这是一只新鼓,敲出来的声音真精神,新的锣亮闪闪,很明亮。(边演示边请幼儿注意教师发"咚"和"呛"时的口形)

引导幼儿以找新的小鼓和小锣的方式,互相倾听谁的声音最好听。

三、尝试用不同的节奏伴奏

1. 敲锣。听琴声,按照拍律拍节奏,表现模仿敲锣的动作。

2. 打鼓。听琴声,按照拍律拍节奏,表现模仿打鼓的动作。

3. 小朋友听了真高兴。听琴声,用拍手转动手腕表现小朋友欢天喜地的动作。

每一次尝试轮换着请一位幼儿按大家商定的节奏,用自己的手势来指挥。

四、合作表演

幼儿在以上三种表现方法中,按自己的意愿任选一种,分成三组,由三位幼儿分别当指挥,合作进行表演。

五、打击乐演奏

1. 选取小铃、圆舞板、铃鼓小乐器,分别模仿敲锣、打鼓、拍拍手,共同表演。

2. 增加大鼓和镲,共同商量何时介入,怎样介入。

3. 尝试介入大鼓和镲,与小乐器合作演奏乐曲。

# 38. 开汽车

**活动目标**

1. 尝试用形象的肢体节奏表现生活中不同的车辆。
2. 尝试与同伴协调动作,体验合开一辆小汽车的快乐。

**活动准备**

1. 选取幼儿生活中较为熟悉的各种车辆图片,供幼儿有目的地选择。
2. 开汽车的音乐磁带:一段 8 个小节中速的乐曲,便于幼儿在跑动中掌控动作。

**活动过程**

一、谈论观察车辆的经验

1. 结合图片,说说自己见过或知道的不同车辆(名称、显著特征、功能等)。
2. 引导幼儿尝试用形象的肢体动作表现不同车辆的特征,鼓励幼儿尽可能用不一样的动作。

二、熟悉音乐游戏的玩法

1. 共同商定模仿某辆汽车的动作。
2. 一人担任司机(或队长),边做模仿动作边随音乐在圈内跑动。
3. 音乐停止时站到一位幼儿面前作邀请手势。
4. 第二位幼儿紧随其后重复进行。

三、用贴切的语言节奏帮助,随音乐动作

1. 警车: X  X    X  X  │  XXXX  X  │

　　　　　呜 哩　呜 哩　　快去抓坏蛋,

动作提示:双手放于头顶,表示警车的警灯。

2. 洒水车: X  X  X   X  X  X  │  X  │

　　　　　左 边 洒　右 边 洒　　洒水车来了

动作提示:五个手指打开,分别于身体的左(右)前下方转动一下,表示洒水车在洒水。

3. 随音乐做动作:第一遍:语言节奏的帮助;第二遍:加上音乐。

四、开展游戏

1. 教师示范开警车的方法做游戏,使幼儿了解规则。
2. 学邀请儿歌:请上我的小汽车,请上我的小汽车,请你快上我的小汽车。
3. 幼儿游戏:请把握节奏能力较强的幼儿做车头,启发幼儿关注游戏规则。

五、视幼儿游戏情况,请两辆或三辆警车或不同的汽车共同游戏

**附游戏规则**

（1）音乐停止时必须及时站到一位幼儿面前。没有找到同伴则须在第二次音乐结束时再发出邀请，中途不得邀请。

（2）被邀请者必须与司机做相同动作，表示同上一辆车，若与司机动作不一，则表示乘错车，必须下车。

（3）随音乐一个跟着一个前进，中途不得掉队，若掉队则视为汽车需要加油，停止开车。

（4）最后哪辆车的人数最多则获胜。

# 39. 马路上的灯

## 活动目标

1. 在音乐游戏情境中感受乐曲,尝试学唱歌曲"马路上的灯"。
2. 理解马路上各种信号灯的提示意义,有初步的规则意识。

## 活动准备

1. 马路的背景,路上的各种标记、设施等。
2. 红绿灯、贝贝电话吧、书吧等照片。

## 活动过程

一、看手势开汽车

"警察"指挥交通,"司机"开车。

幼儿边唱歌曲边开车。马路上的汽车真呀真正多,小朋友们快来看这是什么车:轿车、卡车、面包车、洒水车、自行车、电瓶车、摩托车,嘀嘀吧吧汽车开来了。

二、在游戏情景中感受乐曲,尝试配唱歌词,理解各种信号灯的意义

1. 情景一:我开××车

马路上的汽车真多,你喜欢开什么车?怎么开?(引导幼儿运用形象、夸张的动作表现所开的车。教师与幼儿互动,学做幼儿的动作。)

用歌曲来回应:嘀嘀、嘀嘀,你开什么车?嘀嘀、嘀嘀,我开××车,我们开着××车,来呀来到马路上。

(根据不同的车,改变"嘀嘀"这类象声词)

2. 情景二:信号灯告诉我

(1)观看照片,红绿灯、汽车的尾灯、警灯。

讨论:这是什么灯?灯亮了告诉我们什么?

红绿灯告诉我们红灯停、绿灯行;各种汽车的尾灯有的告诉我们要转弯,有的告诉我们要注意别碰到我;警灯请我们快快让行。

(2)将各种信号灯与音乐形象建立联系。

讨论:从3种音乐的不同节奏分辨什么灯亮了。

(3)听音乐做游戏:"信号灯亮了"。

幼儿边开车,边唱歌,听到音乐信号,作出相应的回应。

3. 情景三:开车去游玩

(1)出示禁止行驶的标志,什么地方不能开车?

(2)开车去南京路(市中心),听音乐信号开车,听错了则进场修理一次。

(3)乘着游览车去步行街观光。

# 40. 沙啦沙啦

## 活动目标

1. 尝试用自然物有节奏地模拟故事中的声响。
2. 与同伴一起表演故事,体验合作表演的快乐。

## 活动准备

1. 故事图片。
2. 音块、蛙鸣筒(教师准备);盒子、布、塑料袋、玩具听诊器、玩具沙球、眼镜盒、黄豆罐子、望远镜、喜蛋(幼儿准备)。

## 活动过程

一、观看图片,与幼儿一起回忆《沙啦沙啦》
提问:故事里小熊遇到了几个小动物?
第一个遇到了谁,听到的是什么声音?
第二个遇到了谁,听到了什么声音?
第三个遇到了谁,听到了什么声音?
二、幼儿和老师一起配合讲故事
选择各种自然物学一学故事里出现的声响。
三、幼儿为故事配音
幼儿玩为故事配音的游戏。
幼儿分成四组,每组尝试为一个动物配音,仔细听故事,适时请为故事里出现的声音配上相似的声响。

## 附故事

### 沙啦沙啦
文/张月

小熊在树林里慢慢地走,他听见——"沙啦、沙啦、沙啦……"
多好听的声音啊,小熊想,它是从哪里来的呢?
"沙啦、沙啦、沙啦……"
一只灰松鼠躺在树洞里,他的嘴巴动个不停。
"咳嚓、咳嚓、咳嚓……"
"灰松鼠,你有没有听到一种很好听的声音?"小熊问。
"当然听到啦!"灰松鼠说,"这是我咬碎硬硬的果子,嘴里发出的声音!"
"咳嚓、咳嚓、咳嚓……"灰松鼠满足地嚼着香香的果仁。
"这个声音是很悦耳,但是,不是我想要找的声音。"小熊继续慢慢地向前走。

"沙啦、沙啦、沙啦……"

一只红嘴雀站在树枝上,他抬起头看着天空。

"扑剌、扑剌、扑剌……"

"红嘴雀,你有没有听到一种很好听的声音?"小熊问。

"当然听到啦!"红嘴雀说,"这是我的朋友从远方飞来扇动翅膀的声音!"

"扑剌、扑剌、扑剌……"两只鸟儿幸福地依偎在一起。

"这个声音是很美妙,但是,不是我想要找的声音。"小熊继续慢慢地向前走。

"沙啦、沙啦、沙啦……"

一只青蛙在池塘里伸懒腰,他把腮帮子鼓得圆圆的。

"滴答、滴答、滴答……"

"青蛙,你有没有听到一种很好听的声音?"小熊问。

"当然听到啦!"青蛙说:"这是雨珠儿落进池塘里的声音。"

"滴答、滴答、滴答,咕呱、咕呱、咕呱……"青蛙跟着雨珠儿一起唱起了歌。

"这个声音是很有趣,但是,不是我想要找的声音。"小熊继续慢慢地向前走。

"沙啦、沙啦、沙啦……"

咦,声音明明是从脚下传来的嘛。

小熊低下头,看见黄色的、绿色的、红色的落叶厚厚地铺满大地。

小熊轻轻地抬起脚:"沙——"又轻轻地放下脚:"啦——"他高兴地叫起来:"哦,我知道了。我知道啦。我知道啦!"然后,他飞快地跑回家去。

小熊和妈妈一起在树林里散步。

"沙啦、沙啦、沙啦……"

"沙啦、沙啦、沙啦……"

这好听的声音,和着他们的心儿一起跳动。

# 41. 滑　雪

## 活动目标

1. 听信号带着盒子躲闪跑,发展身体的协调性、灵敏性。
2. 感受师生共同游戏的快乐。

## 活动准备

1. 鼓一面,纸团"雪球"、大小鞋盒若干,衣服筐。
2. 塑胶场地或活动教室

## 活动过程

一、调动身心

引导语:"下雪的时候你们玩过滑雪吗？今天你们来做小小滑雪运动员,和教练员一起学学滑雪的本领,好不好？"

引导语:"先活动一下我们的身体,转转脚,抬抬腿,跳一跳,跑一跑,甩甩手,用力滑。"

二、准备活动

引导语:"准备好了,我们开始滑雪了,滑一滑,试一试。"

做滑雪动作,继续热身(向前慢滑,快滑,上坡,下坡,拐弯,遇到障碍跳起来,紧急停住……)。

教师观察幼儿滑雪的动作,调动幼儿滑雪的兴趣。

三、游戏:滑雪

1. 单脚滑雪

引导语:"你们滑得都很棒,教练员给你们准备了一些鞋盒子做滑雪板,每人拿一个鞋盒子。"

幼儿每人拿一个鞋盒子站好。

引导语:"我们把一只脚放进滑雪板里面,自己去试一试,滑一滑。"

教师同幼儿一起,一只脚踏在盒子里做滑雪练习。

教师观察幼儿的滑行情况,边滑行边语言指导:滑行时两脚分开,脚轻轻踩住盒子,拖着盒子向前滑。可以借助个别幼儿的动作讲解要领,如果问题普遍或者较严重,则停下来集中讲解。

2. 双脚滑雪

引导语:"你们滑得真棒,下面增加难度了,你们要两只滑雪板一起滑雪,现在放下这个盒子,每人再去拿一个盒子过来,动作要快。"

幼儿拿好盒子站好,表扬动作快和听清要求的幼儿。

引导语:"我们一只脚一个滑雪板,准备好,滑雪啦!"

教师同幼儿一起,两只脚分别踏在盒子里做滑雪练习。

教师观察幼儿的滑行情况,边滑行边语言指导:滑行时两脚分开,脚轻轻踩住盒子,拖着盒

子向前滑。可以借助个别幼儿的动作讲解要领,如果问题普遍或者较严重,则停下来集中讲解。

提醒热的小朋友脱衣服。

3. 听鼓声滑雪

引导语:"教练员发现你们的进步很快,我们来听鼓声练习滑雪,鼓声响起开始滑雪,鼓声慢我们要滑得慢,鼓声快要滑得快,鼓声停滑雪马上停,看一看谁的本领最大?"

幼儿双脚带鞋盒听鼓声向前滑行,鼓声停即停止滑行,鼓声快滑得快,鼓声慢滑得慢。

观察幼儿是否注意听信号滑雪,是否摔跤或发生冲撞,在和幼儿一起滑的过程中,边滑边指导:滑行时两脚分开,脚轻轻踩住盒子,拖着盒子向前滑。听好鼓声,滑雪要分散一点,小心别摔跤。仍然可以借助个别幼儿的动作讲解要领,如果问题普遍或者较严重,停下来集中讲解。

提醒个别幼儿休息。

四、游戏:掷"雪球"

引导语:"你们都玩过打雪仗吧? 现在我们来玩一个投'雪球'的游戏,大家听到鼓声后开始滑雪,教练员来投'雪球',小朋友躲避,看一看哪个滑雪运动员的本领大,能不被我投中,你们准备好了吗? 我来啦……"

鼓声响起,幼儿开始滑雪,教练员手拿雪球,做投"雪球"的动作,远远地向小朋友的身体投去,小朋友们躲避(会出现碰撞、摔倒的现象)。

观察幼儿游戏情况,集中分享。

引导语:"有的没有被打中,有的被打中好几次,谁来说一说怎样做才能不被雪球打中呢?"

幼儿交流自己的滑雪方法和躲避"雪球"的方法。教师帮助总结:可以站得离教练员远一些,可以滑得快一些,躲得快一些。

师:我们再来一次,这次每一位小朋友都拿几个"雪球",听鼓声开始互相投,鼓声停停止投,看谁能不被打中。

再次游戏。幼儿手持"雪球"若干(1—3 个),听鼓声边滑边互掷,鼓声停即停止投掷,教师一起参与。

五、游戏:"雪球"大战

玩法:你们的滑雪本领越来越大了,下面我们进行一场比赛,先分成两组,男孩子一队,女孩子一队。每人拿三个"雪球",鼓声响起后开始边滑雪边投"雪球",要把"雪球"投到对方的滑雪板里,鼓声停投"雪球"停,最后看哪个队滑雪板里的"雪球"少,哪个队获胜。

幼儿自主拿三个"雪球"。

幼儿分成人数相等的两队,鼓声起两队幼儿互相投掷"雪球"。鼓声停即停止投掷。两队投掷后,以"雪球"数少的队为胜者。

规则:鼓声停,不能再投掷"雪球";以"雪球"数少的队为胜者。

六、放松身体

引导语:"今天你们的表现特别棒,你们已经成为了很棒的滑雪运动员了,为我们自己鼓鼓掌! 我们把自己的滑雪板停在旁边摆放好,帮助教练员将'雪球'收好,回来站好。"幼儿收拾玩具,握手,排队,拍肩,做整理放松运动。

# 1. 搬过来搬过去

### 活动目标

1. 在阅读的过程中,理解鳄鱼和长颈鹿在共同生活中遇到的困难,努力从身边寻找解决问题的方法。

2. 感受鳄鱼和长颈鹿乐观面对生活困难的勇气。

### 活动准备

1. 已经阅读过本系列故事的第一部《鳄鱼爱上长颈鹿》,图画书《搬过来搬过去》。

2. 有关发生在鳄鱼和长颈鹿家麻烦事的小图片。

### 活动过程

一、婚庆图片导入活动

师:这是什么地方?

幼:结婚的大饭店。

师:是呀,那么今天谁要结婚呢? 来看看结婚照就知道是谁的婚礼了哦。

(鳄鱼和长颈鹿照片。)

幼:是鳄鱼和长颈鹿。

师:鳄鱼和长颈鹿终于要结婚了,我给大家隆重推出,这是长颈鹿小姐,非常高大,这是鳄鱼先生,有点矮小。这对新人的身高整整差了2米43厘米,尽管如此,他们是一对真正的新郎和新娘。结婚了就是一家人了,一家人都希望住在一起。

幼:结婚了就是夫妻。

幼:一个叫老公,一个叫老婆。

二、阅读故事,发现长颈鹿和鳄鱼的困难

1. 讨论长颈鹿和鳄鱼住在谁家合适,理由是什么。

师:是住鳄鱼家还是长颈鹿家里比较合适呢? 为什么?

幼:住长颈鹿家比较合适。因为鳄鱼家很矮,长颈鹿那么高,房子会撑不下的。鳄鱼家在水里,长颈鹿不会游泳,所以只能住在长颈鹿家。

师:住在长颈鹿家就肯定没有问题是吗?

2. 翻阅发生在长颈鹿家关于吃饭问题的图片,启发孩子们发现其实在长颈鹿家里也会发生很多不方便的事情,比如吃饭、上厕所、晾衣服等。

3. 边翻阅图书边讲述,并将发生在鳄鱼和长颈鹿各自家里的麻烦图片分开来,找找哪些是发生在鳄鱼家中的麻烦,哪些是发生在长颈鹿家中的。在寻找过程中发现住两家都有麻烦事儿。

三、尝试解决问题

1. 搬过来,搬过去,问题仍旧没有解决,都是身高惹的祸,鳄鱼不能忍受这一切了,长颈鹿也是,他们越来越难过,决定一起来建造一幢爱心房子。

2. 共同商议怎样的房子能适合他俩,用笔和纸画一画自己的设想。

3. 讲讲议议谁的方案有创意又实用。

四、揭开谜底,分辨细节——围绕最后一幅图画讨论发现

1. 游泳池——他们在房间里弄了个游泳池,他俩都跳进去时,就一样高啦!可以看着彼此的眼睛微笑着对话。

2. 马桶——与游泳池相连,水池里的水可以减少马桶的高度,鳄鱼上厕所就不用再爬梯子了。鳄鱼也不用担心上完厕所因为够不着手纸,光着屁股干瞪眼了,如今的手纸就放在马桶同样的高度上,伸伸手就能够到。

3. 书架——书架上整齐排列的书分上下两层,上面一层是长颈鹿用的,放的都是大书;下面一层是留给鳄鱼用的,放的都是小书。

4. 台阶——一个梯级高些,一个梯级矮些。

5. 挂钩——一个挂长毛巾,一个挂短毛巾。

6. 床——他们只有一张床,不过这张床的床尾是不齐的,一边短些,一边长些。

而且! 这个房间,地板是黄色的,门是蓝色的,墙是橙色的。

## 附故事

### 搬过来搬过去

尽管长颈鹿小姐长得非常高大,鳄鱼先生长得非常矮小。但是他俩是一对真正的爱人。当然,真心相爱的人都希望有一幢房子,这样他们才能够生活在一起。

于是,他们搬到了城市的这一边,搬进了鳄鱼的小房子。

不过那儿真有点问题,长颈鹿走到哪儿都会撞到头。当她晚上睡觉的时候,只要一伸展身体,连头带脖子全都伸到屋子外面,完全看不到鳄鱼。当她想坐得舒服一点,同样的事发生了,脖子又从烟囱里伸出来。"要不,我们搬到你家去住吧。"鳄鱼对长颈鹿说,"小鳄鱼住大房子总比大长颈鹿住小房子要好得多。"

于是,他们又搬到了城市的另一边,搬进了长颈鹿的大房子。

可是,在那儿也有很多问题,吃饭的时候,鳄鱼根本够不到桌子,就连椅子也爬不上去。对鳄鱼来说还有许多麻烦事:门把手高得没法开门,楼梯陡得迈不开步,就连马桶也大得让鳄鱼差一点掉进去,虽然鳄鱼想尽办法学会走钢丝那样晾晒衣服,可是总不能天天这样。

事情不能再这样继续下去,鳄鱼很难过,长颈鹿也很难过。唯一没有问题的就是床,当他们躺在床上的时候,才会望着彼此的眼睛,一起来想可以住在一起的好办法。

第二天一早,阳光灿烂,鳄鱼和长颈鹿在花园里画了一张很大的图纸。开始挖一个巨大的坑。他们敲啊! 钻啊! 凿啊! 他们拿来木板、树干、玻璃……还把每一件东西都洗干净、擦亮。最后,巨大的水罐车开过来,往坑里装满水,现在,鳄鱼和长颈鹿住进了他们自己盖的游泳池,这里有适合他俩的一切,他们终于可以一直相互对望,并且给对方一个最甜蜜的微笑,所有的问题都解决了。

# 2. 鸭子骑车记

## 活动目标

1. 仔细观察角色的动态、表情,想象各个角色对鸭子骑车的不同想法。
2. 感受尝试新事物带来的快乐,体会只要够自信、够勇敢就一定能够获得成功。

## 活动准备

图画书课件。

## 活动过程

一、突发奇想的鸭子

1. 瞧,这是一片快乐丛生的农场,满满的洋溢着温情的气息,我们的主人公即将登场了。

2. 听,他是谁呢?(声音)(走出一只鸭子打招呼!)

3. 这是一只怎样的鸭子?(可爱:白白净净的鸭子,多惹人喜爱啊。快乐:鸭子身边很多的朋友,所以很快乐。胖胖的鸭子:现在天已经很冷了,鸭子得让自己增加脂肪来御寒。)

4. 他更是一只有奇特想法的鸭子。他说:"我有一个主意,我打赌我会骑自行车。"

(鸭子想干嘛?你们见过鸭子骑自行车吗?我们见过鸭子会下蛋,会游泳,会捕鱼,……但绝对没有见过鸭子会骑车……)

一只鸭子想骑自行车,鸭子的这个想法能实现吗?说说各自的理由。(骑两轮自行车可不是件容易的事情,很难掌握平衡,何况鸭子的两条腿很短,更容易摔跤。)

二、鸭子骑车上路。

究竟鸭子骑车的想法能否实现呢,让我们带着这个疑问跟着这只疯狂的鸭子一起去农场转一天吧。

1. 感知鸭子骑自行车的决心。鸭子一摇一摆地走到男孩停着的自行车旁,爬上去,骑了起来,开始他骑得很慢,而且左摇右晃,但是很好玩!鸭子骑过母牛身边,冲母牛招了招手。"你好,母牛!""哞——"母牛应了一声,可心里想:"一只鸭子在骑车?这可是我见过的最愚蠢的事!"

2. 母牛对鸭子骑车的想法赞同吗?鸭子有没有因为母牛的反对而放弃骑车的想法呢?

(母牛对鸭子想骑自行车的想法很不赞同,甚至觉得很愚蠢,可是鸭子坚信自己只要坚持下去,就一定能学会骑车的:"我想只要我坚持下去,一定能学会骑自行车。")

3. 自主阅读图书:鸭子接着又会遇见哪些朋友呢?他们看见鸭子骑车是怎么想的呢?

4. 交流阅读中发现鸭子遇见的朋友。

(1)鸭子跌跌撞撞骑过了草坪,先遇见了谁呢(绵羊)?绵羊同意鸭子骑车的想法吗?会怎样对鸭子说呢?鸭子会不会放弃骑车的想法?

(2)鸭子继续往前骑,遇见了谁?(母鸡)母鸡在害怕什么呢?会对鸭子说什么啊?鸭子有没有撞到母鸡?又会怎么说?

(幼儿情景表演)

（3）鸭子继续往前骑，遇见了谁？（老鼠）比较前后四幅画面中鸭子骑车的情景，发现鸭子骑车的技术在一点点地进步。推测老鼠见了鸭子飞快地骑车会怎么想呢？

三、惊喜的秘密

突然，一大群孩子骑着自行车冲下路来。他们骑得特别快，谁也没有看到鸭子。他们把车停在门前，就进屋去了。

1. 动物们一个个怎么都围了上来？他们瞪大了眼睛看着自行车，在想什么呢？

2. 你们看到了谁在骑车？动物们骑得怎样啊？

3. 动物们一开始都不赞同鸭子骑自行车，母牛觉得鸭子骑车愚蠢，绵羊担心鸭子受伤，母鸡怕鸭子骑车撞到她，现在怎么也都骑上自行车了呢？

（原来他们都想既然鸭子能学会骑车，我们也都能学会骑车。于是他们骑着自行车度过了一个愉快的下午。最后把自行车放回屋旁。没有人知道，那天下午，曾经有一头母牛，一只绵羊，一只狗，一只猫，一匹马，一只母鸡，一只山羊，两头猪，一只老鼠和一只鸭子骑过自行车。）

四、完整欣赏

1. 边听教师朗读故事，边翻阅图书。

2. 观察发现最后一张画面：鸭子盯着一辆拖拉机，继续想象：鸭子又想学什么了呢？

## 附故事

### 鸭子骑车记

有一天在农场里，鸭子冒出一个疯狂的主意："我打赌我会骑车！"他一摇一摆地走到男孩停着的自行车旁，爬上去，骑了起来。开始他骑得很慢，而且左摇右晃，但是很好玩！

鸭子骑过母牛身边，冲母牛招了招手。"你好，母牛！"鸭子说。"哞——"母牛应了一声。可她心里想："一只鸭子在骑车？这可是我见过的最愚蠢的事！"

鸭子骑过绵羊身边。"你好，绵羊！"鸭子说。"咩——"绵羊应了一声。可她心里想："要是不小心，他会受伤的！"

现在，鸭子骑得好多了。他骑过狗身边。"你好，狗！"鸭子说。"汪！"狗应了一声。可他心里想："这可是真功夫啊！"

鸭子骑过猫身边。"你好，猫！"鸭子说。"喵——"猫应了一声。可她心里想："我才不会浪费时间去骑车呢！"

鸭子蹬得快了一点。他骑过马身边。"你好，马！"鸭子说。"嘶——"马应了一声。可他心里想："鸭子，你还是没我快！"

鸭子一边按铃，一边朝母鸡骑过去。"你好，母鸡！"鸭子说。"咯！咯！"母鸡应了一声。可她心里想："你看着点路，鸭子！"

鸭子骑过山羊身边。"你好，山羊！"鸭子说。"咩——"山羊应了一声。可他心里想："我真想吃那辆车子！"

鸭子单脚站到车座上，骑过猪和猪身边。"你好，猪！"鸭子说。"呼噜——"猪和猪应了一声。可他们心里想："鸭子真爱出风头！"

鸭子撒开车把，骑过老鼠身边。"你好，老鼠！"鸭子说。"吱——"老鼠应了一声。可他心里想："我真想像鸭子那样骑车。"

突然，一大群孩子骑着自行车冲下路来。他们骑得特别快，谁也没有看到鸭子。他们把车停在门前，就进屋去了。

现在，所有动物都有自行车骑了！他们在谷仓旁的空地上骑来骑去。"真好玩！"他们异口同声地说，"鸭子，你的主意真棒！"

他们把自行车放回屋旁。没有人知道，那天下午，曾经有一头母牛、一只绵羊、一只狗、一只猫、一匹马、一只母鸡、一只山羊、两头猪、一只老鼠和一只鸭子骑过自行车。

# 3. 苏菲的杰作

## 活动目标

1. 仔细观察画面,在了解苏菲热心助人的过程中理解故事的内容。
2. 懂得能利用自己擅长的本领适时地去帮助别人。

## 活动准备

1. 有关故事的课件、图书数本。
2. 幼儿互相帮助的照片。

## 活动过程

一、欣赏故事画面,理解故事内容

1. 她是谁?从画面发现这是一只蜘蛛,了解她的名字叫苏菲,是一个编织高手。

2. 边观察画面边谈论。

(1)逐一观察图片,苏菲一次次在哪些地方织网?她的网织成什么样?

(2)人们怎样对待她?

(3)苏菲很想帮助别人,为什么大家都不欢迎呢?

二、思考讨论

1. 说一说:我们各自有些什么本领,我们的本领能为大家做什么?

2. 进一步讨论我们擅长的本领是不是也会不受欢迎呢。着重讨论:(1)力气大;(2)弹钢琴;(3)画图。发现必须适合别人的需要,才能受欢迎。

三、继续观察画面。

1. 这位妈妈她正在做什么?她需要什么帮助呢?苏菲会去帮助她吗?

2. 倾听故事结尾。

四、仔细翻阅图书,完整看故事。

1. 共同交流各自觉得最感动人的是哪一页。

2. 看照片,感受需要的帮助:照片上发生的是什么事?谁能为他们提供帮助?怎样帮助他们?

3. 体会只要我们愿意帮助别人,就能找到许多机会。

## 附故事

### 苏菲的杰作

苏菲是一只不一般的蜘蛛,她能织出非常奇妙的网,朋友们称赞她,连她的妈妈也不例外。大家都说,苏菲是个艺术家,总有一天,她会织出了不起的杰作。

苏菲渐渐长大,到了该独立生活的时候,她搬进了一幢三层楼的公寓。

她先到一楼,发现这里好多时候没有打扫,特别是那窗帘,已经非常老旧。

"唔，该换新的窗帘了。"苏菲立刻开始织网，她首先要为一楼的房间换上新的窗帘，她织了一天又一天，直到有一天住在这屋里的老太太发现了她，大声嚷起来："啊！蜘蛛！"老太太连忙请人来打扫卫生，换掉了窗帘，苏菲赶快爬到墙的另一边，上了二楼，爬进船长的衣橱里。

她安顿好了以后，望望四周，只看见衣橱里一片灰色，灰衬衫、灰长裤、灰毛衣。"船长需要一件新的衣服。"苏菲马上开始织网，先织一个领子，再织一个袖子。直到有一天，船长打开衣橱："啊！蜘蛛！"船长立刻把衣橱里的衣服全都扔掉，然后去买新的衣服。苏菲匆匆忙忙离开衣橱，上了三楼，爬进厨师的拖鞋里。

厨师的拖鞋又脏又破，苏菲想，让我休息一会，然后，帮厨师织一双新拖鞋吧。就在这时，厨师走了进来："啊！蜘蛛！"厨师连忙把拖鞋扔进垃圾箱。还好苏菲已经从房门底下钻了出去。

苏菲想："我该上哪儿去了？"这时她看见一条陡峭的楼梯，就顺着楼梯往上爬，不知爬了多久，最后爬进了一个阁楼。那是一个年轻妈妈的房间。苏菲已经累极了，就爬进一个装毛线的篮子里睡着了。

当苏菲醒来的时候，她发现这位年轻妈妈正在为刚出生的宝宝织毛衣，当她织好了一双小袜子，又织了一件小衣服的时候，毛线用完了。

"唉"年轻的妈妈自言自语地说："看来只能给宝宝盖那条破破烂烂的毯子了。"

不行，那条破破烂烂的毯子根本不适合刚出生的小宝宝！苏菲爬出了篮子，爬上宽阔的窗台，她看见月光照进屋子。"好极了！"她想："我可以把这些银白色的光线织进宝宝的毯子里，还要加上星光。"

苏菲不停地工作，而且不断想出新的点子……那天晚上，当年轻的妈妈打算去拿旧毯子的时候，突然发现窗台上有东西。那是一条毯子，这不是普通的毯子，好像是为王子准备的，多柔软、多美丽啊。她满怀惊喜和爱意地把毯子盖在熟睡的宝宝身上。

# 4. 城里最漂亮的巨人

■ **活动目标**

1. 通过理解故事,感知故事主人公乔治的乐观与善良个性,体验帮助别人的快乐。
2. 在和乔治一起帮助朋友的过程中,学习根据朋友的需要选择合适的物品。

■ **活动准备**

故事课件、故事片段相关操作图片、礼物盒等。

■ **活动过程**

一、引出人物

1. 有一个巨人,他很邋遢。谈论什么叫"邋遢"?
2. 乔治可不想成为城里最邋遢的巨人,他会想什么办法呢? 引出故事。

二、讲讲议议故事

(一) 讲述故事开始部分并讨论

1. 乔治买了哪些东西,他穿戴怎样?
2. 乔治穿戴了这些衣物会变得怎么样?
3. 用巨人的话总结,学着装进新句:"我是城里最漂亮的巨人。"

(二) 出示巨人遇见长颈鹿画面

1. 巨人得意地往前走,他碰到了长颈鹿,长颈鹿不停地打喷嚏,长颈鹿怎么会着凉的呢? (为什么长颈鹿说:"还不是因为我的脖子!")
2. 原来长颈鹿脖子太长而着凉感冒了,巨人会用什么来帮助它呢?
3. 巨人少了围巾,却高兴地唱起歌来,听一听,巨人唱了什么呢?
4. 跟着巨人一起唱一唱。

(三) 出示巨人遇见小老鼠画面

1. 巨人高兴地往前走,这次他碰到了谁? 发生了什么事?
2. 这次巨人又会用什么来帮助老鼠呢? 你觉得合适吗? 为什么?
3. 乔治又唱起了歌,这次他会唱什么呢?
4. 帮助梳理,巨人用……给……做什么……。为什么他每次都要唱歌呢?

(四) 出示其余三个角色画面

1. 乔治又碰见了山羊、狐狸和小狗,它们又碰到什么困难呢? 请你们选择一种动物,到后面的图片中去找答案,看一看、说一说它们到底碰到了什么麻烦? 乔治又会想什么办法去帮助它们呢?
2. 幼儿分组观察图片,寻找答案。
3. 幼儿介绍各自的办法。
4. 乔治又唱起了歌,他唱了什么歌?

5. 歌曲小结,可是这下巨人感觉有点冷,于是他想到了他换下的那套旧衣服,于是他又穿了上去,这回他看上去,又……出示"邋遢"。

(五)出示礼物画面

1. 巨人回到家,听到有人敲门,会是谁呢? 他看到了礼物,是什么礼物呢?

2. 是顶纸做的金冠,为什么小动物要送他金冠呢?

3. 里面好像还有一封信,我们来看看信上是怎么说的?

三、出示故事绘本,引发阅读欲望

1. 刚才我们听的故事,就是这本书里的。故事的名字就叫"城里最漂亮的巨人"。

2. 我们下次(回到教室里、图书角)再来读一读这个有趣的故事,再来看看这个城里最漂亮的巨人!

## 附故事

### 城里最漂亮的巨人

乔治是个巨人,城里最邋遢的巨人。"哎,我可不想当城里最邋遢的巨人。"乔治难过地说。

这天,乔治发现城里开了家新商店,里面摆满了各式各样漂亮的衣服。于是他走进店里,买了一件漂亮的衬衫,一条漂亮的条纹领带,一条漂亮的裤子,一根漂亮的皮带,一双漂亮的袜子,上面还绣着菱形花纹,还有一双乌黑锃亮的漂亮皮鞋。"现在我是城里最漂亮的巨人了。"

他得意地往前走,这时他碰到了长颈鹿,它正呼哧呼哧地喘着气,"你怎么啦?"乔治问。"还不是因为我的脖子!"长颈鹿说,"它太长了,太冷了。""别担心!"乔治说着解下了他的条纹领带,一圈一圈围在长颈鹿的脖子上,"谢谢你",长颈鹿说。

乔治一边走,一边唱道:"领带给受冻的长颈鹿做围巾,可我还是城里最漂亮的巨人!"

这时乔治碰到了老鼠一家,它们都在伤心地吱吱叫,"你们怎么啦?"乔治问。"还不是因为我们的房子,"鼠妈妈说,"大火把它烧掉了。""别担心!"乔治说着脱下了一只皮鞋给老鼠做房子。

乔治一边走,一边又唱道:"领带给受冻的长颈鹿做围巾,皮鞋给老鼠一家做房子,可我还是城里最漂亮的巨人!"

乔治又碰到了山羊,它站在小船上咩咩大叫,"你怎么啦?"乔治问。"还不是因为我的船帆,"山羊说,"暴风雨把它吹走了。""别担心!"乔治说着脱下了他的新衬衫给山羊做船帆。"谢谢你",山羊说。

乔治心里美滋滋,一边走,一边唱:"领带给受冻的长颈鹿做围巾,皮鞋给老鼠一家做房子,衬衫给山羊的小船做船帆,可我还是城里最漂亮的巨人!"

乔治又碰到了狐狸,它站在帐篷边,正呜呜地哭着,"你怎么啦?"乔治问。"还不是因为我的睡袋,"狐狸说,"它掉到水坑里去了。""别担心!"乔治说着脱下了一只袜子给狐狸做睡袋。"谢谢你",狐狸说。

他又开心地唱道:"领带给受冻的长颈鹿做围巾,皮鞋给老鼠一家做房子,衬衫给山羊的小船做船帆,袜子给狐狸做睡袋,可是你们瞧瞧我——我还是城里最漂亮的巨人!"

　　乔治走过一片沼泽地,一只小狗在沼泽地旁边汪汪叫,"你怎么啦?"乔治问。"还不是因为这片沼泽地,"小狗说,"我想走过去,可是烂泥粘住了我的脚,这可怎么办呢?""别担心!"乔治说着解下了他漂亮的新皮带,把它放在沼泽地里,铺成了一条干燥的小路!"谢谢你",小狗说。

　　乔治又唱道:"领带给受冻的长颈鹿做围巾,皮鞋给老鼠一家做房子,衬衫给山羊的小船做船帆,袜子给狐狸做睡袋,皮带帮小狗过沼泽地,可我还是城里最漂亮的巨人!"

　　这时乔治发现有点冷了,他突然想到了他的那套旧衣服,于是又回家穿了上去。"咚咚咚"有人敲门,乔治打开门看见一个大礼盒,原来是小动物们送来的。乔治解开盒子上的缎带:里面是一项用金纸做的美丽王冠,还有一张卡片。卡片上写着:你把领带给长颈鹿做了围巾,你把皮鞋给老鼠一家做了房子,你把衬衫给山羊做了船帆,你把袜子给狐狸做了睡袋,你用皮带帮小狗过了沼泽地,现在,我们要送你一项美丽的金冠,因为你是城里心眼最好的巨人。这项金冠跟你的凉鞋最相配! 我们觉得你是城里最漂亮的巨人!

# 5. 母鸡萝丝去散步

## 活动目标

1. 通过多种阅读手段理解图画书内容,了解故事中母鸡和狐狸的特殊经历,感受故事诙谐幽默的情节。

2. 通过小组合作的形式,运用自己喜欢的的方式表达表现。小组合作,共同商量表达表现的形式,大胆表演。

## 活动准备

大黑板背景、小图书、小道具等。

## 活动实录

一、导入

师:今天要讲的故事就在身后的农场里,你看到了什么?

幼:蜂房、池塘、草堆、磨坊,从文字上知道的。

师:磨坊是什么地方?

幼:磨坊是磨面粉的房子。

师:我们来看看故事的主人公,不仅长得漂亮还有一个好听的名字叫萝丝,这么好的天气母鸡萝丝去散步了,散步的时候心情会怎么样?

幼:散步的时候会很轻松、很爽、全身上下都舒服,可以使身体健康,感觉很凉快。

二、幼儿阅读小图书

师:母鸡萝丝去散步时可能会发生什么事情? 可能会发生一些不愉快的事情,发生一些意外的事情。仔细看看,母鸡萝丝去散步到底发生了什么事情?

(幼儿翻阅图书,教师适时介入。)

师:你们已经笑得前仰后翻了。你们看到了什么?

幼:狐狸踩到了地上的耙子,因为它只注意到母鸡萝丝,没有看到地上的耙子。

师:农民伯伯用的耙子叫什么?

幼:钉耙。

师:我们可以用一个好听的词"自作自受"。

幼:哑巴吃黄连有口说不出。

师:为什么不能说出来?

幼:有声音就会让母鸡萝丝发现,狐狸不敢发出声音。

师:母鸡萝丝去散步是怎么样的?

幼:母鸡抬头挺胸很神气的样子,它轻松又自由自在,雄赳赳、气昂昂地根本没有留意后面有坏蛋跟着。

师:狐狸跟在后面好像在干什么?

幼：狐狸在打坏主意,它的眼珠在骨碌碌地转着。

三、幼儿动态表演图书内容

师：后面还发生了很多好玩的事情,我们一起到书里去找经过哪些地方？发生了哪些事情？刚才听到了笑声,你发现哪里特别有趣、好笑？

幼：狐狸扑到草堆里去了。

师：草堆上发生的事情从哪里到哪里？

幼：从 11 页到 13 页,狐狸想扑过去吃母鸡,结果掉进草堆里了。

师：从 15—18 页,经过磨坊的时候,发生了什么事情？

幼：母鸡萝丝绊到了绳子,结果面粉都洒在狐狸身上,变成了面粉狐狸了。

幼：从 7—10 页狐狸经过池塘,结果扑到池塘里,青蛙都扑到狐狸身上来了。

师：还有很多好笑的事情,我们可以用表演的方式来告诉大家,现在我们小组商量一下,我们用童话剧的方式来表演。(幼儿讨论商量)

第一小组：表演 7—10 页。

一位幼儿担任故事中的旁白,其他三位幼儿分别担任母鸡萝丝、青蛙、狐狸。

选用歌曲《郊游》的曲调,改编歌词来表演："走走走走走,母鸡萝丝在前走,走走走走走,狐狸跟在后"。

第二小组：表演 1—10 页。

以哑剧的方式来表演,请大家猜表演的是什么内容。

第三小组：表演 3—5 页。

用快板的形式来交流。

四、交流议论

师：讲了这么多故事,母鸡身后发生了很多危险,她都不知道,结果安全到家了,你觉得这是一只什么样的母鸡？

幼：很轻松、很勇敢,悠闲自在的、优雅的母鸡。

7. 狐狸给你什么感觉？

幼：很笨、超不动脑筋、自作自受、倒霉得哑口无言。

师：这一路走来有很多麻烦的事情,母鸡什么也不知道,但是她身后的狐狸却很倒霉。以后母鸡萝丝去散步,狐狸还会跟在后面吗？狐狸又会怎么倒霉呢？我们用表演或者画画的方式继续编下去。

### 附故事

#### 母鸡萝丝去散步

　　一天傍晚,母鸡萝丝出门去散步,被一只狐狸看见了。他蹑手蹑脚紧紧地跟在母鸡身后,母鸡一点也没觉察。

　　母鸡走过院子,狐狸猛扑上去,可是一脚踩在钉耙上,反被钉耙当头一棒,打得晕头转向。狐狸不死心,仍旧蹑手蹑脚紧紧地跟在母鸡身后,母鸡一点也没觉察。

　　母鸡绕过池塘,狐狸又猛扑上去,可是窜进了池塘里,变成落汤鸡。狐狸不死心,仍旧蹑手蹑脚紧紧地跟在母鸡身后,母鸡一点也没觉察。

母鸡越过草堆，狐狸再猛扑上去，可是摔进了草堆里，爬也爬不起。狐狸不死心，仍旧蹑手蹑脚紧紧地跟在母鸡身后，母鸡一点也没觉察。

母鸡经过磨坊，狐狸躲在磨坊后面，可是母鸡的脚绊到了拴面粉袋的绳子，一袋面粉从滑轮上掉下来，正巧砸在狐狸头上。狐狸不死心，仍旧蹑手蹑脚紧紧地跟在母鸡身后，母鸡一点也没觉察。

母鸡钻过篱笆，狐狸身子太大，只好跳过篱笆，一下落在小车里，小车咕噜噜地滚向蜂房，一大群蜜蜂冲了出来，追得狐狸落荒而逃，母鸡一点也没觉察。

母鸡萝丝散完步按时回到家，正好吃晚饭。

# 6. 小黑鱼

## ▨ 活动目标

1. 有兴趣倾听儿童文学故事,感受跌宕起伏的故事情节,获得积极面对困难最终成功的情感体验。

2. 知道一个人的能力是有限的,学习与同伴共同努力完成任务。

## ▨ 活动准备

1. 故事画面(或录像)。

2. 各组一张画有海洋生物图像的包装纸,每人一个小鱼印章。

## ▨ 活动过程

一、分段听故事

(一)小黑鱼的痛苦——小黑鱼的兄弟姐妹都被大金枪鱼吞进肚里

1. 小黑鱼和谁生活在一起,这一天发生了一件什么悲惨的事情。

2. 小黑鱼的兄弟姐妹为什么不逃呢? 小黑鱼又是怎样逃走的呢?

3. 理解词义:孤独。

4. 小黑鱼为什么感到又害怕、又孤独,害怕的是什么,怎么会感到孤独?

(二)小黑鱼的惊奇——小黑鱼在海洋中的各种发现

1. 小黑鱼在海洋里看见些什么又高兴起来?

2. 这些鱼为什么都不怕大金枪鱼,它们有哪些办法对付大金枪鱼?

3. 想象这些海洋生物对付大金枪鱼的情景,找回快乐的好心情。

(三)小黑鱼的好办法

1. 遇见大鱼逃避和躲藏是不是好办法,该怎么办?

2. 从画面上证实小黑鱼想的好办法:许多小鱼合成一条大鱼。

3. 三人结伴,尝试共同努力用印章敲印成一条大鱼?

4. 交流在合作敲印中发生了些什么事,怎样互相协调才能合成一条大鱼。

(四)小黑鱼的胜利

1. 想象小黑鱼和他的兄弟姐妹遇到大金枪鱼会怎样?

2. 观看故事结尾,体会成功的快乐。

二、完整欣赏故事

交流各自最喜欢的片断和中心人物,说说自己的理由。

## ▨ 附故事

**小 黑 鱼**

有一群快乐的小红鱼住在大海的一个角落里,其中有一条小黑鱼,他比其他兄弟姐妹游

得都快。

可是一天,从波浪里冲出一条饥饿的大金枪鱼,一口就把所有的小红鱼都吞到肚子里,只有小黑鱼逃掉了。他逃进漆黑的深水里,又孤独、又害怕,可是,大海里充满了奇妙的生物,他游啊游啊,慢慢又精神起来。

他看见了像彩虹果冻似的水母……

他看见了走起路来像怪手似的大龙虾……

他看见了像被看不见的线牵着游的怪鱼……

他看见了长得几乎不知道自己的尾巴在哪儿的鳗鱼……

后来,他看见了一群跟他一样小的小红鱼躲在岩石和海草的黑影子里。"我们一起出去玩吧!"他高兴地说。"不行,大鱼会把我们吃掉的!"小红鱼说。"可是你们不能老待在这里啊,我们一定要想个办法。"小黑鱼说。

他想啊想啊,突然说:"有了,我们可以游在一起,变成海里最大的鱼!"

等小红鱼们能游得像一条大鱼以后,他说:"我来当眼睛"。于是,他们在清凉的早晨里游,也在充满阳光的中午游,大金枪鱼一见,弄不清这是什么鱼,通身红红的,这么大——这家伙一定很厉害吧,吓得扭头逃走了。

# 7. 九只小猪旅行记

### 活动目标

1. 帮助幼儿体验和理解九只小猪旅行的故事内容,尝试讲清简单的事情。
2. 初步懂得遵守社会行为规则,不做"禁止"的事。

### 活动准备

1. 故事画面。
2. 初步了解生活中一些"禁止"的事。

### 活动过程

一、引起兴趣。

1. 你们喜欢旅行吗? 为什么?

2. 有九只小猪也要去旅行了,我们来看看它们旅行时发生了些什么事情?

二、阅读理解

1. 片断一:乱扔垃圾(完整欣赏),把握、理解小猪的一种心态。

提问:你们都看懂了吗? 有什么问题? 发生了什么事?

再完整欣赏一遍。

师小结:是啊! 小猪来到草地上,看到了"禁止入内"的警示牌,可它们忍不住还是进入了草地,又吃又玩真开心,可是美丽的草地却……

2. 片断二:过危桥。

先出示场景

提问:

(1) 小猪继续往前走,这回它们又看到了什么? 提示危桥。

(2) 为什么要竖这块牌子呢(为什么要"禁止")?

(3) 小猪会过去吗? 小猪过了桥又会发生什么事呢?

(4) 结果是怎么样?

幼儿完整欣赏,小结。

3. 片断三:钻木桶。

(1) 九只小猪继续往前走,突然它们闻到了什么? 这香味从哪里来的?

(2) 原来是个大大的蜂蜜桶,可旁边又写着什么? 想想这回小猪们会怎么做?

(3) 幼儿欣赏,小结。小猪进入木桶从山坡上滚了下来,结果会怎么样?

师:九只小猪去旅行,它们经过了哪些地方? 看到了什么? 这些牌子都一样吗? 有什么相同的地方? 你们知道"禁止"是什么意思?

三、提问拓展

1. 九只小猪还要继续旅行,一路上它们还会经过什么地方?

2．在这些地方它们还会看到"禁止"的牌子吗？牌子上会写些什么？它们是怎么做的？

3．幼儿交流。

（小猪会不会还要去尝试"禁止"的事？它们会改正吗？禁止下河游泳、禁止攀爬隔离带、禁止跳下地铁站台、小心电梯门夹手、乘车时禁止头伸出窗外。）

四、完整欣赏

1．到底故事里的小猪会怎么样呢？我们一起来听故事《九只小猪旅行记》。

2．把幼儿编的内容一起编到故事里。它们还会到哪里？又会看到什么？又会发生什么有趣的事呢？

3．小猪旅行的故事可以继续编下去，越编越长！

## 附故事

### 九只小猪旅行记

天气真好，九只小猪出门去旅游。

前面有一片大草地，还竖着一块大牌子"禁止入内"。但它们忍不住还是进入了草地，又吃又玩真开心！可是美丽的草地却……

小猪们来到桥边，又看到一块牌子，上面写着"危险，禁止通过此桥"。它们想：走得快点，应该没有关系吧。它们一个跟着一个刚走过桥，就听见"哗啦啦"一声，桥断了，小猪拍拍胸口说："哇！好危险。"

九只小猪继续往山坡上走，突然它们被一阵香味吸引住了，原来是个大大的蜂蜜桶，旁边写着"禁止品尝"。这么香的蜂蜜一定很甜，小猪打开木桶，一起趴在木桶边上，把脖子伸得长长的，想去舔桶里的蜂蜜，一不小心全都掉了进去，木桶打翻了，"咕噜咕噜"地往山下滚去。

九只小猪继续往前走，来到马路边，路边也竖着一块大牌子"禁止穿行"。

这次，九只小猪没有横穿马路，看，它们走上了天桥，安全地回家了。

# 8.小老鼠忙碌的一天

■ **活动目标**

1. 根据故事提供的线索大胆想象、推测,学会清楚表达。
2. 感受故事,体验大小老鼠之间其乐融融的快乐情感。

■ **活动准备**

故事画面、一顶用废旧材料制成的帽子、各种装饰材料及一些厨房日用品等。

■ **活动过程**

一、交代故事名称,引起幼儿的兴趣

有只可爱的小老鼠,它想讲讲自己忙碌的一天,什么叫"忙碌"? 猜猜小老鼠在"忙碌的一天"里到底在忙些什么? 瞧! 这只小老鼠头上戴着什么呀?

二、分段观察画面,理解故事情节

1. 故事开头至小老鼠说"我已经找到梦想了……"猜猜小老鼠的梦想可能是什么?

2. 至"这小老鼠到底在干什么呀"。

(1) 小老鼠究竟在忙些什么?

(2) 小老鼠收集了哪些东西?

(3) 它收集这些东西可能要做什么呢?

3. 至"原来,你的梦想就是做一顶特别的太阳帽啊"。

(1) 小老鼠用这些东西究竟做了什么?

(2) 小老鼠为什么要给大老鼠做一顶帽子呢?

(3) 这是一顶怎样的帽子? 哪些地方很特别?

(4) 大老鼠收到帽子以后开心吗? 为什么会特别开心?

4. 最后的画面,讲述故事结尾部分。

(1) 为了给妈妈一个惊喜,他搜集了哪些东西,做了哪些事情?

(2) 猜猜大老鼠和小老鼠还有什么重要的任务?

三、欣赏"特别"的帽子,激发幼儿动手制作的愿望。

1. 欣赏小老鼠的特别帽子,观察帽子所用的材料。

2. 讨论:我们能不能也为妈妈做一件礼物,可以利用些什么材料。

■ **附故事**

---

**小老鼠忙碌的一天**

天气很热,太阳火辣辣的。大老鼠忙着在花园里翻土。小老鼠在悠闲地荡秋千,头上戴着它最喜欢的那顶太阳帽。大老鼠冲着小老鼠喊道:"还有好多土要翻呢,快过来帮忙!""我

---

太忙了，不能帮你。"小老鼠慢吞吞地回答，"我正在想很重要的事情呢！"它荡过来荡过去，荡过来荡过去……"我们一起播种吧。"大老鼠说，"把种子撒在地里，它们会开出像梦一样美丽的花儿。""我已经找到梦想了，正在想着应该怎么去做呢。"小老鼠说。大老鼠轻声嘀咕着："找到梦想了？大概想着什么事情都不干吧。"

于是，大老鼠去收拾草地上的杂草。突然小老鼠"咚"地跳进了手推车里，躺在车里，望着天空在发呆。"快起来，帮忙一起做事！"大老鼠叫起来。"不行，不行，我真的非常非常忙。"小老鼠一溜烟地跑到屋顶上采雏菊去了。"热死了！"大老鼠擦了擦头上的汗，又捶了捶背，拉起了手推车，准备把杂草倒进垃圾桶里。"扑通！"手推车突然变沉了——原来，小老鼠又跳了上来。他坐在杂草堆上把雏菊一枝一枝穿起来。"我推着杂草还不够，还要推你啊！快下来，帮我把杂草倒到垃圾桶里！"小老鼠赶紧把穿好的雏菊挂在脖子上，跳下车。小老鼠没有去倒杂草，而是采来了很多三叶草，放在花盆里。大老鼠只好自个儿"吭哧吭哧"地把杂草倒掉了。"小老鼠，你到底在干什么呀？""我在收集小鸟的羽毛，我要实现自己的梦想啊！""哼，你有梦想？别瞎说了。"小老鼠找到了三根雪白的羽毛："要实现梦想可真不容易啊！"这时候，大老鼠找到了一颗大大的草莓："小老鼠快来帮我把草莓搬下去！""现在不行，"小老鼠说，"我得去厨房拿一样东西。"大老鼠只好自个儿把草莓从屋顶上搬下来。"这小老鼠到底在干什么呀？"大老鼠真想不明白。

# 9. 幸福的大桌子

■■ **活动目标**

1. 体验家庭成员之间的亲情,萌发尊敬、关爱老人的情感。
2. 仔细观察画面,联系故事内容进行思考,比较清晰地表达自己的想法。

■■ **活动准备**

故事画面四张。

■■ **活动过程**

一、谈谈说说我家的老人

1. 介绍各自家中的爷爷、奶奶、外公、外婆。

2. 谈论我们用什么方法去关心不跟我们住在一起的老人。

二、观察画面、看看议议

(图一)兔奶奶一人坐在大桌子旁。

(1) 观察画面中兔奶奶的家里有些什么,发现兔奶奶有个舒适的家。

(2) 数数大桌子旁的椅子,推测兔奶奶家原来有几个人。发现现在只有她一个人生活在这幢房子里。

(图二)兔奶奶和她的孩子们:结合画面了解兔奶奶的孩子,现在他们一个个离开家的理由。

(1) 看看说说兔奶奶家有些谁。

(2) 了解兔奶奶孩子:老大是位汽车修理员;老二是位厨师;老三是位海员;兔姐姐结了婚,成了兔妈妈;兔妹妹成了大学生。

(3) 思考他们不住在家里的原因,并为他们出色的工作学习而高兴。

(图三)兔奶奶回忆全家人在一起的日子。

(1) 观察每个孩子都在做些什么,体会全家人在一起其乐融融的情景。

(2) 谈论:兔奶奶最大的愿望就是孩子们能回家来。

三、体会全家团聚的幸福感。

1. (图四)观察全家团聚的热闹场面。

(1) 数一数一家人围坐在桌边时的人数。

谈论:兔爷爷去世了,但家里的人数怎么却从原来的 7 人变成 8 人。发现又多了两个兔宝宝。大桌子快要坐不下了。兔奶奶的家庭成员只会越来越多,感受到了生活就是这样不断向前的快乐。

(2) 大女儿兔妈妈为兔奶奶做了一桌好菜。

运用自己的生活经验,想象大女儿兔妈妈会为兔奶奶做哪些好菜。

(3) 兔老三弹起了吉他,全家随着琴声为兔奶奶唱起歌来。

走进故事,和兔奶奶的孩子们一起唱起了每个幼儿都会唱的歌《世上只有妈妈好》。

（4）观察两个兔宝宝的举动:一个为兔奶奶挑选水果,另一个在兔奶奶的脸上亲了又亲。想象:兔宝宝还能对兔奶奶说什么,为兔奶奶做什么?

（5）大家举杯庆贺:和故事中的人物一起举杯庆贺。想象举杯时应该说什么,一起说一说。

四、交流

1.这一天除了兔奶奶,还有哪样东西也特别高兴,找到大桌子。

2.说说大桌子特别高兴的原因。

## 附故事

### 幸福的大桌子

兔奶奶有个舒适的家,家里有一张大桌子,只要数一数大桌子周围的椅子,就会知道兔奶奶家原来有许多人。可是现在只有她一个人生活在这幢房子里。

从前,兔奶奶有很多孩子,兔老大是位汽车修理员,兔老二是位厨师,兔老三是位海员,他们的工作都非常出色。兔姐姐结了婚,成了兔妈妈,就连最小的兔妹妹,现在成了大学生,住在大学,都没法经常回家。后来,兔爷爷年纪老了,得了病去世了,家里就只剩下兔奶奶一个人。

兔奶奶为自己有这些出色的孩子而高兴,她经常坐在大桌子边,想起以前全家人在一起其乐融融的情景,想着想着就会笑起来。兔奶奶最大的愿望就是孩子们能回家来。

一天,兔奶奶又和往常一样坐在大桌子边想念她的孩子,忽然,门开了,孩子们一个个回来了。一家人又围坐在桌边,大女儿兔妈妈为兔奶奶做了一桌好菜,兔老三弹起了吉他,全家和着琴声为兔奶奶唱起他们最爱唱的歌《世上只有妈妈好》,兔妈妈还生了两个兔宝宝,一个为兔奶奶挑选水果,另一个在兔奶奶的脸上亲了又亲。虽然兔爷爷去世了,但又多了两个兔宝宝,家里的人却变多了,大桌子快要坐不下了。兔老大和兔老二提议,大家为有幸福的家举杯祝福。

这一天,兔奶奶一家都感到特别幸福,除了兔奶奶一家,还有一样东西也特别高兴,那就是幸福的大桌子。

# 10. 梦姐姐的花篮

## 活动目标

1. 感受散文优美的语言和意境,激发幼儿对作品的喜爱之情。
2. 理解内容,学说散文中的段落并尝试仿编。

## 活动准备

欣赏画面,背景音乐,小花篮一个、内有各种颜色的纸花。

## 活动过程

一、讲讲猜猜,引入活动

1. 出示三个字——"梦姐姐"。

这几个字小朋友认识吗? 猜一猜梦姐姐是做什么的?

2. 出示两个字——"花篮"。

这两个字认识吗? 请连起来读一读。梦姐姐和花篮会有什么关系呢? 梦姐姐让谁做梦,又梦见了什么呢? 让我们一起来听一听散文《梦姐姐的花篮》。

二、完整听赏

梦姐姐用什么方法让小动物们做了不同颜色的梦? 梦姐姐分别把什么颜色的花给了不同的小动物? 小动物们都梦到了什么?

三、分段听赏并复述

1. 小黄鸡金黄色的梦。

(1) 小黄鸡在哪里睡觉? 为什么小黄鸡会睡得很香甜(出示图片加以证实)?

(2) 梦姐姐是怎样来的? 她撒下了什么颜色的花给小黄鸡? 小黄鸡做了什么颜色的梦? 梦见了什么?

(3) 再说一遍小黄鸡的梦,幼儿轻轻地跟着教师一起说。

2. 小青蛙绿色梦。

(1) (先看图后复述)小青蛙在哪里睡觉? 为什么梦姐姐给了小青蛙绿色的花? 它梦见了什么?

(2) 跟着教师一起学着说说。

3. 红颏鸟红色梦。

红颏鸟是怎么睡觉的? 它梦见了什么? 谁能看着图片试着说一说?

四、完整复述并感受

1. 你们最喜欢谁的梦? 说说各自的原因。

2. 体会三个小动物做了不同的梦,但都在梦里遇见了自己的最爱,它们的梦都很美。

3. 教师和幼儿一起复述散文:"我们一起来做一做小动物们的美梦好吗?"

五、仿编作品

教师扮作梦姐姐,请幼儿从花篮里取出自己最喜欢的颜色的花瓣,讲述各自的梦境。

幼儿讲述句式：梦姐姐在我身边撒下了一朵____花,于是我就……

幼儿讲述举例：

幼儿：梦姐姐在我身边撒下了一朵红花,于是我就梦见了火红的太阳,我穿着火红的连衣裙在火红的花丛中跳舞。

教师：是啊,穿着火红的连衣裙在红红的花丛中"翩翩起舞",多美啊!

## 附故事

### 梦姐姐的花篮

在一片深绿色的树林里,住着美丽的梦姐姐。梦姐姐长着一对会飞翔的翅膀,胳膊上总是挽着一只轻巧的花篮,花篮里装满了五颜六色的花朵。白天,梦姐姐是很少露面的。可是每天夜晚,梦姐姐都会提着花篮从林中轻轻飞出来。

小黄鸡正靠在妈妈身边香甜地睡觉。梦姐姐飞过来,在它身边撒下了一朵黄色的花。于是,小黄鸡就做了一个金黄色的梦。它梦见金黄色的太阳,金黄色的田野,田野上开满金黄色的油菜花。

小青蛙正在水草边静静地睡着。梦姐姐飞过来,在它身边撒下了一朵淡绿色的花。于是,小青蛙就做了一个绿色的梦。它梦见了碧绿的湖水,碧绿的荷叶,荷叶丛里有一支碧绿的莲蓬。

红额鸟用脚爪抓住树枝在树上睡觉。梦姐姐飞过来,在它身边撒下了一朵红色的花。于是,红额鸟就做了一个红色的梦。它梦见了火红的枫叶,火红的浆果,天边照耀着火红的晚霞。

# 11. 雨天的歌

■ **活动目标**

1. 欣赏诗歌内容,感觉诗中意境,并体验雨天的情趣。
2. 学会念诗歌,有仿编诗歌的积极性,并乐意思考与表达。

■ **活动准备**

图片一幅。

■ **活动过程**

一、激发兴趣,引出话题

1. 老师:小朋友,你们喜欢下雨吗? 下雨天有些什么有趣的事情呢?(让幼儿想想、说说雨天的感受)

2. 下雨天真有趣,今天老师要念一首好听的诗歌给你们听,名字就叫《雨天的歌》。

(下雨天对孩子来说具有特殊的魅力,他们喜欢下雨,也喜欢穿着雨靴在雨地里奔跑。根据这一特点,老师在活动前有意识地带着孩子到雨地里走走、看看、玩玩,使他们对雨天有一定的体验。因此,当老师请孩子说说雨天的有趣事情时,孩子们纷纷举手,积极表达。有的说:雨天地好滑哦,走得太快会摔跤的;有的说:雨水会把大树和小草洗得很干净;还有的说:雨有时大,有时小,下得大时声音响,下得小时声音轻等,从而比较自然地引出了本次活动的主题。)

二、欣赏、理解、学习诗歌

1. 让幼儿安静地听诗歌三遍。第一遍要求听听这首诗歌好听吗? 是谁给雨天带来好听的歌? 第二遍听听熊姑娘给雨天带来了几支歌? 第三遍听听有哪三支有趣的歌。

(欣赏是理解、学习诗歌的前提,而安静地听,带着问题听,则是引导孩子欣赏的要旨所在。本环节老师请孩子连听三遍诗歌,每一遍解决一个问题,并在程度上逐步加深,从而促使幼儿认真倾听,积极动脑,大胆表达,为进一步欣赏理解作好铺垫。)

2. 老师出示图片,再念诗歌,引导幼儿分析理解诗歌。

(1)第一支歌是谁唱? 雨点怎么会唱出"滴答,滴答"的歌?

(2)第二支歌是谁唱? 水花怎么会唱出"噼啪,噼啪"的歌?

(3)第三支歌是谁唱? 熊姑娘为什么也唱起了歌?

3. 引导幼儿学念诗歌,并想想三支歌怎么念才好听(滴答——轻,噼啪——响,啦啦——欢快)? 学念时采用对答形式,如:师生对念、男女对念等。

(学念诗歌,是一种对诗歌的再创造,唯有把握诗歌的情感与内涵,才能更好地加以创造与表现。由于有了前面环节的铺垫,幼儿在回答应该怎么念时,纷纷表达了自己的联想与意愿,并在学念过程中融入了自己的情感,有的还十分自然地添加了形体动作,使整个学念过程成为又一次欣赏、理解与体验的过程。)

三、迁移讲述,画画,续编诗歌

1. 引导幼儿想想、说说,雨天里,还有谁会出门去? 他们会给雨天带来什么好听的歌呢?

2. 老师提出设想:能不能把我们想的也编到诗歌里去? 为幼儿提供画笔、纸等材料,并根据能力差异提出不同要求,引导他们学着画画、编编诗歌。能力差的幼儿可只变换角色,即谁在下雨天出门去? 能力强的幼儿则可考虑谁给雨天带来好听的歌? 怎样带来的?

3. 展示幼儿作品,并请幼儿把自己编的诗歌念给大家听。

(孩子的能力是有差异的,如果给每个孩子提出相同的要求,那么就会出现能力强的孩子吃不饱,能力弱的孩子吃不了的现象。为此,老师在引导幼儿学编诗歌的过程中,提出难易不同的几个要求,旨在方便不同层次的幼儿都能根据自己的能力水平进行选择。在这一环节中,孩子们个个都能积极而又充满自信地投入到仿编活动之中,编出了不少好诗歌。例如,有的孩子这样编道:"下雨天,狗哥哥骑着自行车出门去,雨点在它的雨披上唱歌,啪嗒,啪嗒,啪嗒。水花在它的车轮下唱歌,滋啦,滋啦,滋啦。狗哥哥听着也唱起了歌,汪汪,汪汪,汪汪。狗哥哥给雨天带来三支歌,啪嗒,啪嗒,啪嗒;滋啦,滋啦,滋啦;汪汪,汪汪,汪汪。"这样的诗歌充满情趣且又不失韵味。)

## ■ 附诗歌

### 雨 天 的 歌

下雨天,熊姑娘打着花伞上学去,
雨点儿在她花伞上唱歌:
"滴答,滴答,滴答……"
水花儿在她脚下唱歌:
"噼啪,噼啪,噼啪……"
熊姑娘听着也唱起了歌:

"啦啦,啦啦,啦啦……"
熊姑娘给雨天带来三支歌:
"滴答,滴答,滴答……"
"噼啪,噼啪,噼啪……"
"啦啦,啦啦,啦啦……"

# 12. 老鼠娶新娘

■ 活动目标

1. 爱听民间故事,初步理解故事中一物降一物、循环往复的关联。
2. 体会人人都有长处与短处,愿意取长补短、相互学习。

■ 活动准备

故事插图、太阳、乌云、墙、风、老鼠图卡。

■ 活动过程

一、激趣导入

1. 欣赏唢呐音乐《过新年喜洋洋》。听了这段音乐,你觉得大家在干什么?

孩子:好像过年……好像看戏……好像结婚……好像抬花轿……

老师:哦,放这样的音乐,一定是有喜事,有高兴的事。那么,今天这段音乐下,发生了什么事?

2. 引发对故事的想象(出示花轿的图片)。

孩子:结婚……花轿……

老师:是啊,这是结婚用的花轿。谁坐呢?

孩子:新娘。

老师:(出示坐有老鼠新娘的图片)新娘是老鼠美叮当。有新娘就会有新郎,美叮当想找世界上最强的新郎。她找到了(出示有太阳、乌云、墙、风、老鼠五幅图卡)……你猜她会找谁做自己最强的新郎。请听故事《老鼠娶新娘》。

二、欣赏理解

1. 边欣赏画面,边听故事。

2. 理解讨论你认为谁是世界上最强的新郎?

幼儿:我认为太阳最强……

老师:都同意吗?

幼儿:不同意。

老师:为什么不同意太阳是最强的?

幼儿:因为,太阳没云强。

老师:那么,谁最强。

幼儿:风最强。

老师:有反对吗?

幼儿:反对,墙比风强……老鼠强……没猫强……猫怕太阳,太阳最强……又回来了,这是个圈……

老师:世界上有没有最强的新郎?尽管他们不是世界上最强的新郎,可是,他们都有自己最强的地方。他们最强的地方分别是什么？（用汉字记录：照、遮、吹、挡、打洞、抓。）

3．你有没有最强的地方？

（1）鼓励自信地说出自己最强的长处，让所有的人都知道。

（2）记住朋友的长处。

老师：我们都说出了自己最强的长处。现在，我们来比比，能记住朋友的长处这件事谁最强？你记住了谁的长处？（这里让孩子关注自己的同伴，并需要倾听，对孩子来说，是对习惯和心理的挑战。）

（3）寻找"扬长补短"的朋友圈：你有什么不强的？你想变得更强吗？只要你想，你就可能变得最强。怎样变得更强呢？找人帮忙。怎么找呢？

活动中

幼儿1：我最强的是舞蹈，不强的短处是画画。

老师：谁画画强？

幼儿2：我！

老师：来，你们手拉手，你因为他在，就会变得更强。（问幼儿2）你什么不强？

幼儿2：吃饭不强。

幼儿3：我吃饭强……

老师：这样的朋友圈，我们可以用四个字来表示（出示汉字：扬长补短）。相信你们一定会找到朋友圈，让自己变得更强。

三、游戏感受：抬花轿

1．讲述故事结尾。

老师：美叮当找不到世界上最强的新郎，怎么办？

幼儿：找自己最喜欢的……老鼠。

老师：是啊，老鼠配老鼠，那是最合适的。（继续讲述故事）瞧，办喜事、坐花轿、美叮当嫁给了小阿郎。

2．抬花轿。

老师：这真是喜事，我们也来玩玩抬花轿的游戏吧。我要抛绣球，找人抬花轿。我要找走步一致的朋友圈，为我抬花轿。

老师念童谣，朋友圈一起原地走步。其间：老师提示，看着朋友的脚步一起走。活动中，老师有意将绣球抛给步伐协调的朋友圈。游戏反复进行。

### 附民谣

#### 老鼠娶新娘

小白菜，地里黄。老鼠村，老村长。

村长女儿美叮当，要嫁女婿比猫强。

太阳最强嫁太阳，太阳不行嫁给云。

云不行嫁给风，风不行嫁给墙。

墙不行想一想，还是嫁给老鼠郎。

正月一、年初一，正月二、年初二。

正月三、年初三，今夜老鼠娶新娘。

抬花轿、搬嫁妆，大小老鼠来帮忙。

新郎新娘早拜堂，欢欢喜喜入洞房。

# 13. 克利的微笑

## 活动目标

1. 欣赏并理解作品内容,能用完整的语言表达自己的想法。
2. 感受作品中小鳄鱼的真挚情感,体验微笑能让自己和别人更快乐。

## 活动准备

1. 故事插图。
2. 将一组微笑的照片做成多媒体课件。
3. 一段抒情的音乐、录音机。

## 活动过程

一、活动导入

师:今天我第一次到你们幼儿园,第一次看到你们,觉得你们很可爱。老师现在心情很好,你从哪里看出我很高兴?

幼1:我觉得你的嘴巴像一个月亮一样弯。

幼2:你在笑。

师:哦,老师在微笑。你们看到老师的微笑,有什么感觉?

幼1:感觉你很开心。

幼2:你的微笑让我觉得你很爱我们。

幼3:你的笑让我觉得你喜欢我们。

师:你们也笑一个给我看看。

师:你们的微笑也很甜,看了让我觉得很轻松,很快乐。老师今天带来一个和微笑有关的故事,看看故事的名字(图片一)。

幼儿:克利的微笑。

师:我们来看看克利是谁(图片二)?

幼1:我觉得这是一个蝙蝠。

幼2:我觉得是狼。

幼3:我觉得是怪兽。

师:哦,这个白白的是什么?

幼:是眼睛。

师:你们猜对了,这个白白的是眼睛,是谁的眼睛呢(图片三)?

幼1:是猎豹。

幼2:是青蛙。

幼3:是鳄鱼。

师:我们来听故事,听听克利到底是你们说的青蛙、鳄鱼还是猎豹。

二、分段欣赏

1. 听赏故事前半段——克利找朋友

师：听了故事的前半段,现在你们知道克利是谁?

幼：我猜对了,是鳄鱼。

师：克利张开嘴想干什么?

幼：克利想交朋友。

师：克利交到朋友了没有? 为什么?

幼：我觉得克利应该没有交到朋友,因为它嘴张得太大了,小动物们都吓得跑掉了。

师：克利对谁张大了嘴巴? 怎么说?

幼：对青蛙张大嘴巴说:"我们一起玩吧!"

师：你来学学看好吗?（个别幼儿学克利,其余的幼儿学青蛙）

师：青蛙被克利的什么吓跑了?

幼：青蛙听到克利的可怕的声音,看到可怕的牙齿,吓得赶快逃走。

师：克利还去找谁了? 它是怎么说的?（请幼儿说一说、学一学）

师：克利在找朋友时微笑了吗? 它跟小鸟说的时候是怎么样的?

幼：笑的。它是张大嘴巴笑着说话的。

师：那么克利怎样才能让朋友们知道它有多么好呢?

幼1：它应该把牙齿剃得平一点。

师：哦,这个办法好像有点残忍,还有什么办法?

幼2：牙齿不要露出来笑,说话小声一点。

师：原来可以牙齿不露出来笑,你来学学看。

幼3：对小动物们好一点/给它一个惊喜!

师：我们看下去,看看克利到底用了什么办法,找到朋友了吗?

2. 听赏故事后半段——克利获得友谊

师：克利找到朋友了吗?

幼：找到了。

师：小动物们说什么?

幼1：牙齿像钻石。

幼2：笑起来很迷人的。

师：小动物原来觉得克利是很可怕的,怎么会一下子觉得它很迷人呢?

幼1：因为克利救了小蛇。

幼2：小蛇掉到陷阱里去了,克利用它的大嘴巴把它救上来了。所以大家都感觉它很好,和它做朋友了。

师：克利救了小蛇,大家都喜欢它了。这么多小动物表扬克利的时候,它是什么表情啊?

幼：它又露出了微笑。

师：它有没有哈哈大笑?

幼：没有。

师：克利为什么不哈哈大笑? 为什么要微笑?

幼1：因为哈哈大笑又要把别人吓跑了。

幼2：哈哈大笑是很骄傲的样子。

幼3：声音太大，会把大家吓一跳。

师：哦，原来哈哈大笑会让人感觉没有礼貌，有点骄傲，微笑就很迷人，让人喜欢。

师：老师或朋友表扬你的时候，你是微笑还是哈哈大笑？为什么？

幼1：我是微笑的，因为哈哈大笑没有修养。

幼2：我会微笑的，就这样，很好看的样子。

师：克利从原来张开嘴巴哈哈大笑到后来的微笑，它快乐吗？为什么？

幼1：克利觉得快乐。因为小动物喜欢它了。

幼2：它学会了微笑。

师：克利真诚地对待朋友，帮助朋友，而且学会了有礼貌地微笑，微笑让小动物看到了它的善良，克利终于交到了朋友。

三、完整欣赏

让小朋友完整欣赏故事。

四、迁移生活

1．谈话引出实际生活

师：生活中，什么时候你会微笑呢？

幼1：过生日的时候，我会微笑。

幼2：和朋友一起玩。

幼3：老师表扬我，我会微笑。

2．观看一组微笑的照片

师：照片上的人们为什么都在微笑呢？

幼1：大家一起玩很开心。

幼2：老师爱小朋友，小朋友喜欢老师。

幼3：小朋友在跳舞，我看见老师在对小朋友微笑。

小结：微笑让自己变得更美，微笑让生活变得更美，微笑可以让我们交到更多的朋友，微笑真好。

## 附故事

### 克利的微笑

克利是一条小鳄鱼，它虽然长得和其他鳄鱼一样可怕，看上去很凶恶，它的心却很善良，从来不想欺负别人。可是，谁也不相信它，所以，克利一个朋友也没有，它多想找朋友啊。

一天，克利来到了森林，听见唧唧喳喳的歌声，原来是小鸟飞到了树枝上，张开了嘴巴唱起歌来。克利开心极了，它张开了它的大嘴巴，露出尖尖的牙齿，微笑着对小鸟说："我们一起玩好吗？"小鸟一看连忙叫起来："啊，救命啊，好可怕啊！"拍拍翅膀飞走了。

小蛇在草丛里晒日光浴，看到小蛇在晒太阳，克利开心极了，它张开了它的大嘴巴，露出尖尖的牙齿，微笑着对小蛇说："我们一起玩好吗？"小蛇一看连忙叫起来："啊，救命啊，好可怕啊！"吓得逃走了。

克利来到了小河边，它一看，青蛙正坐在荷叶上准备学跳水，克利看到青蛙在学跳水，它

　　也想学,于是它张开了它的大嘴巴,露出了它尖尖的牙齿,微笑着对青蛙说:"我们一起玩好吗?"小青蛙一看连忙叫起来:"啊,救命啊,好可怕啊!"扑通、扑通地跳进了小河里。

　　克利找不到朋友,伤心极了,突然,克利听到有人在喊:"救命啊!救命啊!"它连忙游过去一看,原来是小蛇掉进了一个大洞里面,洞很深,小动物们都没办法。克利忙说:"不用怕,我来啦。"于是它张开了它的大嘴巴,伸进洞里,小心翼翼地把小蛇救了上来。小动物开心极了,大家说:"克利,谢谢你,你的笑容真美啊,你的牙齿就像钻石一样美,我们一起做好朋友吧!"就这样,克利和小动物们成了好朋友。

# 14. 月亮的味道（一）

## 活动目标

1. 感受故事内容的有趣,体验动物们齐心协力,成功"吃到"月亮后的快乐心情。
2. 喜欢欣赏文学作品,能对故事内容展开大胆的想象与表达。

## 活动准备

图画书《月亮的味道》、《小夜曲》。

## 活动过程

一、提问导入,引发想象

师:每年中秋节晚上的月亮是怎样的呢? 是的,月亮很圆,也很亮。

(出示图书)我这里有一本书,让我们一起来念念这本书的名字(《月亮的味道》)。如果真的能吃到天上的月亮,你想象一下月亮可能是什么味道呢?

幼:月亮的味道可能像香蕉一样甜甜的。

幼:也可能就是大饼的味道,咸咸的。

幼:也可能是没有味道的。

师:让我们来看看故事里的动物们是怎么想的,我们一起来听故事。

二、听讲故事,理解作品

1. 教师边讲述故事边插问。

师:请大家数一数画面上有几双眼睛?(九双眼睛)说说有几只小动物?(九只小动物)

师:小动物们都很着急,请你们帮帮它们,怎样才能够到月亮?

幼:再找一只小动物,找一只小一点的就可以了。

幼:去借把梯子爬上去。

幼:叫小猴子用力往上跳。

师:小动物们挤在一起睡着了,让你感觉怎么样?

幼:这幅画面让我感觉很温馨。

幼:我感觉像躺在妈妈的怀抱里,很温暖。

师:小鱼在想什么? 你们认为它说得对吗? 为什么?

幼:小鱼也想尝尝月亮的味道。

幼:小鱼说,水里的月亮是假的,是影子。

师:听了这个故事,你觉得哪个部分最有趣?

幼:小老鼠摘到月亮很有趣。

幼:小动物们"叠罗汉"很有意思。

幼:月亮被吃掉了一半最有趣。

2. 教师请幼儿边复述边体验故事主要情节。

（1）小动物们是用什么方法摘到月亮的呢？它们是怎样"叠罗汉"的？

（2）小动物们想摘月亮，但月亮为什么要轻轻地往上一跳呢？（月亮和动物们在做游戏）我们也来玩一玩。

三、完整欣赏，想象迁移

1. 播放配乐故事，完整地听一遍故事，引导幼儿学讲故事中的对话。

2. 激发想象。

师：如果，让你们也来摘月亮，你们会想什么办法？你希望月亮是什么味道？

幼：我希望我能乘直升机去摘月亮。

幼：我希望月亮有薯片的味道。

幼：我希望月亮是冰淇淋的味道，最好是香蕉味的。

幼：我希望乘热气球去月亮。

幼：我希望月亮是月饼的味道，我要摘下一片回来和我的家人一起分享。

### 延伸

启发幼儿把自己的想象画出来。

### 附故事

**月亮的味道**

月亮，是什么味道呢？是甜的还是咸的？真想尝一小口啊！夜里，动物们望着月亮，总是这么想。可是呢，不管怎么伸长了脖子，伸长了手，伸长了腿，也够不着月亮。

有一天，一只小海龟决心去摸一摸月亮。爬到山顶，月亮近多了。可是，小海龟还是够不着。海龟叫来了大象：

"大象，大象，你到我的身上来，我们就能吃到月亮了！"月亮想："这是在和我玩游戏吧！"大象的鼻子往上一伸，月亮轻轻地往上一跳。大象够不着，它叫来了长颈鹿：

"长颈鹿，长颈鹿，你到我的身上来，我们就能吃到月亮了！"月亮想："这是在和我玩游戏吧！"长颈鹿使劲伸长了脖子，还是够不着。长颈鹿叫来了斑马：

"斑马，斑马，你到我的身上来，我们就能吃到月亮了！"斑马站在长颈鹿的身上，还是够不着，它叫来了狮子：

"狮子，狮子，你到我的身上来，我们就能吃到月亮了！"狮子踩在斑马的背上，仍然够不着，它叫来了狐狸：

"狐狸，狐狸，你到我的身上来，我们就能吃到月亮了！"狐狸还是够不着，它叫来了猴子：

"猴子，猴子，你到我的身上来，我们就能吃到月亮了！"猴子又叫来了老鼠：

"老鼠，老鼠，你到我的身上来，我们就能吃到月亮了！"

月亮看着老鼠，心想："这么个小不点儿，肯定捉不到我的。"月亮已经玩累了，这回它没有动。想不到，"咔嚓！"老鼠咬下一片月亮。它给动物们都分了一口月亮，大家都觉得，这是它们吃过的最好吃的东西。

后来，小动物们都累了，它们紧紧地依偎在一起，甜甜地进入了梦乡……

# 15. 月亮的味道（二）

## 活动目标

1. 在小动物摘月亮的文学情景中，讨论并发现叠高的方法。
2. 尝试与同伴一起探究如何"叠高"，初步体验探索活动中合作的快乐。

## 活动准备

1. 故事画面。
2. 积木、多种材质小棍棒、纸制隔板、悬挂的"月亮"。

## 活动过程

一、封面导入，引发好奇

1. 介绍故事名称《月亮的味道》。

2. 谈谈说说动物们猜想月亮是什么味道。

二、观察画面，发现叠高的方法

1. 有一天，一只小海龟决心去摸摸月亮、尝尝月亮的味道。它找到一座高高的山，一步一步往上爬，爬到山顶，月亮近多了。可是，小海龟还是够不着。于是海龟叫来了许多动物朋友，它们用什么办法去尝月亮的味道呢？（发现叠高。）

2. 讨论：

（1）小海龟为什么要趴在最下面，它的窍门是什么？（四条腿缩进身子里，就像一块大石头，可以让大象站稳）

（2）大象是怎样在海龟背上站稳的？（四条腿并拢）

（3）长颈鹿怎么低下头，它的好办法是什么？（可以让斑马把两条腿站在它的脖子上）

（4）狮子和斑马为什么要换方向站？（使两边重量差不多）

（5）小猴子和老鼠又有什么窍门？（站立起来）

3. "咔嚓！"老鼠掰下了一片月亮，咬一口，冰冰凉凉的，就像雪月饼一样。它把这片月亮分给朋友们一起品尝，大家都觉得，付出了那么多努力，值了！

三、小组合作，探究方法

1. 第一次探索，操作要求：

（1）设置模拟月亮的高度。

（2）两人一组，合作运用积木进行"叠高尝月亮"的游戏。

（3）可适当选用纸板小棒等辅助物。

（4）在规定的时间内叠高，以够到月亮为胜。

交流各组叠高的方法：有没有用到动物朋友的办法？还用到哪些新方法？谈谈各自的体会（例如：小心轻放，轮换搭建，共同商议判断摆放的位置等）。

2. 第二次探索。

（1）月亮跳了一下,即升高月亮的高度,谈论:怎样才能利用现有的材料够到月亮?（启发学习他人的好办法继续尝试）

（2）想一想:还能不能找到别的窍门?

（3）在操作过程发生问题时思考原因和解决的方法。

四、交流体验

1.叠罗汉能叠那么高,成功的秘诀是什么?

2.是不是一下子成功的? 有没有失败过? 最后是放弃还是继续下去?

3.过程中是怎么进行合作的? 有没有商量过?

为够到月亮而高兴,体会大家一起搭建时必须互相商量和配合才能成功。

# 16. 我知道的中国京剧

## 活动目标

1. 有兴趣了解中国京剧故事和京剧人物。
2. 通过各种活动感受京剧、走近京剧、喜爱京剧。

## 活动准备

杨贵妃、穆桂英、文成公主剧照;实物投影仪、人体彩绘笔;京剧图书、京剧 VCD;宣纸、黑色水笔、水彩色;油画棒、水粉;黑色色纸、刮蜡棒;油画棒、水粉;脸谱形卡纸、银笔、绒球等。

## 活动过程

一、论旦角人物

(一)观察、谈论

教师利用实物投影仪与幼儿一起观看杨贵妃、穆桂英、文成公主的剧照。

教师与幼儿一起边看剧照边谈论,教师随机讲解这些人物故事。

(二)搜集、展览

教师、家长、幼儿共同去上海书城等处,搜集购买有关适合幼儿看的京剧照片、画片等。在教室里展览大家搜集的照片、画片。

(三)尝试画旦角人物的化装。

教师通过情景化的化装程序,让孩子们了解不同的旦角人物有不同的化妆。

鼓励孩子们联系日常经验,运用彩绘笔,为女孩化妆成喜欢的旦角人物。

相互欣赏、观看同伴化妆的特色。

二、大家来讲京剧故事

(一)多种形式讲故事

教师利用集体活动方式,介绍净角人物故事如:包公审案、桃园三结义、杨家将等。

创设环境引发幼儿看京剧图书、看京剧 VCD,请家长讲京剧故事等,引发幼儿对京剧故事的兴趣。

创设环境鼓励幼儿在角落活动中自发地小组、个别讲故事,如:精忠报国、岳飞、哪吒闹海、诸葛亮借东风等。

(二)学画净角脸谱

鼓励幼儿为男孩化妆净角脸谱,在活动中,加深对故事人物的了解,如:红脸表示勇敢,黑脸表示正直,白脸表示奸诈等。

(三)欣赏京剧表演片段

通过欣赏活动,进一步激发幼儿对京剧人物及故事的兴趣。

三、感受与表现

(一)学唱京剧、学做京剧台步、做功

教师以各流派（越剧、沪剧）的唱腔为导入点，让幼儿重点欣赏京剧唱腔：老师现场唱——听 VCD 中的唱腔——小朋友学唱京剧等，进一步增加幼儿对京剧的感性认识和兴趣。

请幼儿园舞蹈功底好的老师，表演老生走路的动作、花旦手舞的动作、武生对打等的动作，并结合播放 VCD 中相应的片段，让幼儿谈谈、学学京剧人物的动作。

（二）搜集布置京剧乐器

将来自幼儿园的、家庭的、社会的等各种京剧乐器布置于教室之中，如锣、钹、京鼓、京胡等，营造浓浓的京剧氛围。

（三）观看、讲述京剧《空城计》

观看京剧剧目《空城计》。

教师、幼儿共同讲《空城计》的故事。

（四）画画我最喜爱扮演的京剧人物

根据不同的材料，教师们事先制作好一些成品，进行环境布置，引导观赏谈论。

提供多种绘画形式，让孩子们进行自由选择，尝试角色创作，创造性地表现人物的服装、动作和道具。

注：该活动可分数次进行。

# 17. 玩　锁

### 活动目标

1. 幼儿了解与生活密切相关的锁,知道一把钥匙开一把锁,有兴趣尝试开锁方法。
2. 幼儿能较清晰地用语言表达自己的操作过程。
3. 乐意与同伴合作游戏,体验游戏的愉悦。

### 活动准备

各类锁、小房子、小动物、挂锁内部结构图片。

### 活动过程

一、出示锁激起兴趣

师:这是什么? 你们有没有见过锁? 在哪儿见过锁?

幼:见过。

(1) 在家里的橱门上有锁。

(2) 抽屉上有锁。

(3) 家里的门上有锁。

(4) 妈妈的单位里有锁。

师:妈妈的单位里什么地方有锁?

幼:单位里的保险箱上有锁。

师:为什么要用锁?

幼:(1) 如果没有锁,小偷就会来偷东西了。

(2) 如果没有锁,我家的钱都要给别人偷走了。

二、尝试开锁

1. 师:你们开过锁吗? 是不是想试一试?

幼儿尝试开锁。

(许多幼儿虽然见过锁,却未试过开锁,一开始幼儿拿了钥匙和锁以后,反复观察寻找钥匙可插入的地方,找到锁眼后,又尝试着把钥匙插入其中,正正反反试了好几次后开始旋转钥匙,试图打开锁。有的幼儿在多次的尝试后仍未打开锁,即求助老师或是同伴。教师引导已打开锁的幼儿再锁上锁,反复多开几次。鼓励已成功开锁的幼儿去教有困难的同伴,大约 3 分钟后,所有的幼儿都打开了手中的锁。)

2. 交流。

师:你们都打开了吗? 你们是怎么开锁的?

幼:我拿钥匙放到洞洞里去。

师:洞洞应该叫什么?(丰富词汇:锁眼)钥匙是放进锁眼的吗? 有没有更合适的词?(纠正用词:插入)

幼：(1) 钥匙要插到锁眼里去，再转一转，就可以开了。

(2) 我是把钥匙正面朝上，再插到锁眼里去的(幼儿这里所指的"正面"，是指锁齿朝上的意思)。

教师用大锁操作演示开锁过程，请幼儿用语言提示，帮助老师把锁打开。

创设情景：(1) 未找到锁眼；(2) 钥匙未插到底。

教师再次演示，共同小结：把钥匙对准锁眼，插到底，轻轻一转，锁就打开了。

3. 再次操作交流(提供三种类型，平均每个幼儿能有二至三对钥匙和锁可练习)。

师：盒子里有许多打乱的钥匙和锁，请小朋友想办法，尽快找到合适的钥匙把锁打开，比一比，谁打开的锁最多！

师：你们打开了几把锁？谁打开的锁最多？

(大多数幼儿一开始无目的地选择钥匙和锁，发现不对后，同时放弃钥匙和锁，慢慢地发现了，只要更换手中的一样东西，或是钥匙，或是锁，通过大小来挑选合适的钥匙尝试开锁，甚至有的幼儿发现了颜色相配的选择方法。此时部分幼儿已基本把握要领，能找到 2 至 3 对钥匙和锁，其他幼儿也至少能找到一对相配的钥匙和锁。)

师：你是怎么找到合适的钥匙把锁打开的？

幼：(1) 我是一把一把试的。

(2) 我是看大小的，大的钥匙开大的锁，小的钥匙开小的锁。

(3) 我是找颜色的，黄的锁就用黄的钥匙开。

三、探索一把钥匙开一把锁

1. 探索发现一把钥匙只能开一把锁。

师：请小朋友每人拿一把钥匙试一试，能用这把钥匙打开几把锁？

幼：大概能打开一把，两把，五把……

师：试用手里的这一把钥匙到底能开几把锁？

(幼儿开始用手里的钥匙按刚才的方法来找相应的锁，手中是大钥匙的幼儿，专挑大的锁，小的锁则集中在手里是小钥匙的几个幼儿面前。大约 5 分钟以后，大多数的幼儿面前就都只摆放了一把能被打开的锁。)

师：一把钥匙打开了几把锁？

幼：只能打开一把锁。

2. 出示三把锁的图片。

师：这儿有三把锁，都一样吗？

幼：一样，大小、颜色、形状都一样。

师：我手中的一把钥匙能把这三把锁都打开吗？

幼：(1) 能打开三把锁，因为它们都是一样的。

(2) 一把钥匙不能把三把锁都打开，因为我刚才试过的，一把钥匙只能开一把锁的。

(此时，幼儿产生了争论，一种意见认为锁是一样的，所以一把钥匙能同时打开同样的三把锁，另一种意见则坚持只能打开一把，则是从前面的操作过程中得出的经验：一把钥匙只能开一把锁。最后大家认同后一种说法。)

3. 寻找一把钥匙开一把锁的原因。

师：为什么一把钥匙只能开一把锁呢？奥妙究竟在哪儿呢？

师：(出示锁的不同内部结构图片)三把锁的里面一样吗?

(幼儿手拿钥匙在每一把锁心里核对比划,最终找到齿痕一样的钥匙和锁。发现每一把锁心里的齿痕都是不一样的,所以一把钥匙只能开一把锁。)

师：为什么工人叔叔要让一把钥匙只能打开一把锁呢?

幼：(1)这样小偷就偷不到东西了,否则他的钥匙能开我家的门,我家里的东西就要给他偷走了。

(2)要不然我们都要回错家了,打开别人的家门了。

四、合作尝试：快快救出小动物

幼儿合作开连环锁,救出小房子里的小动物,以快的小组为胜。

# 18. 台风警报

## 活动目标

1. 结合实事,关注台风,并对此自然现象产生兴趣。
2. 感受台风多变的特征,了解它与人们生活的关系。

## 活动准备

台风过后被破坏的自然环境照片。

## 活动过程

一、欣赏故事,引出话题

1. 完整欣赏故事。

师:小个子猫为什么要带伞? 大个子老鼠为什么不让小个子猫带伞呢? 结果怎样? 究竟是谁的问题呢?

2. 导入与生活相关的话题。

最近你们有没有碰到类似的情况? 为什么预报台风要停课呢?

二、观看台风画面,展开讨论

回忆台风过境时的现象。结合台风奇迹的相关信息,对比讨论,拓宽视野。

(1) 结果天气如何? 到底是不是气象台的错呢? (从能否怪罪气象台的讨论中体验与认识台风的多变)

(2) 台风这次和我们开了个玩笑,很快地过境去了,如果它的速度没那么快,还是狂风暴雨,想象一下,如果那天不放假,来幼儿园的路上可能会发生些什么事情呢?

(3) 那天老师上班了吗? 爸爸妈妈们呢? 为什么小朋友要停课而大人们还要继续工作呢?

小结:台风是多变的,现有的科学水平还达不到完全了解它的地步,但我们可以尽量争取避免造成更大的伤害。

## 附故事

### 气象台认错

小个子猫走过大个子老鼠家门口,大个子老鼠问她:"又不下雨,你带伞干吗?""就怕等会儿会下雨。"小个子猫指指天上一块块灰色的云。

大个子老鼠想:"要是等会儿不下雨,小个子猫的伞不是白带了?"

大个子老鼠飞快地跑出去,追上了小个子猫:"我看了天气预报,你不用带伞了。"小个子猫让大个子老鼠把她的伞带回去,大个子老鼠就带着伞往回走。

怎么回事? 噼里啪啦,几个雨点打在大个子老鼠脑门上。咦? 不该下雨的呀? 可是雨越下越大,它不管气象台报的是"多云转晴",他们报他们的,它下它的。

　　大个子老鼠被雨打湿了,忽然他笑了:"哈,还好我有伞。"他把伞撑开,一点也淋不着,这时他才想起:"糟糕,小个子猫要淋雨了!"他赶快给小个子猫送伞去。但风太大,大个子老鼠向前跑,风却向后吹,伞也被风吹得向后飞,不用说,伞带着大个子老鼠一起飞。好容易追上了小个子猫,这时候雨又不下了。

　　湿淋淋的小个子猫很生气:"都怪你!"

　　也是湿淋淋的大个子老鼠只好乖乖认错:"是我不好,是我不好……"

　　但大个子老鼠又想:"我向小个子猫认了错,但好像也不是我的问题!"

# 19. 好玩的报纸

## 活动目标

1. 探索用各种方法将长方形剪成长条,发现长度发生的变化。
2. 了解过期报纸的用处,体会废物利用的意义。

## 活动准备

报纸、双面胶、纸篓、剪刀、黑板架。

## 活动过程

一、我们爱看报纸

1. 这是报纸。谁喜欢看报纸?(了解喜欢看报纸的人很多)

2. 我们知道哪些报纸的名字(或"你能叫出什么报纸的名字")?

3. 为什么人们喜欢看报纸? 在报纸上可以看到什么?(报纸可以让我们知道许多事情)

二、过期的报纸很好玩

1. 交流:这些报纸看完之后,有什么用?

2. 用报纸可以玩吗?怎么玩?(折纸等)

3. 操作:报纸有许多种玩法,试一试卷一个望远镜,单筒双筒都行。

三、剪报纸

(一)第一次操作尝试

现在我们换一种玩法,就是剪报纸,比一比,看谁剪得最长?

(1) 仔细看看,这张报纸从哪里剪的一根纸条会比较长呢? 试一试。

(2) 把自己剪的纸条挂在黑板的双面胶上:比一比谁剪的比较长?

(二)商讨

(1) 报纸的长边和宽边哪一边剪得长?

(2) 还能从哪里可以剪出比这两条边更长的纸条?

(3) 把长边和宽边连在一起剪,而且不断掉,会不会更长呢?

(三)第二次操作尝试

1. 教师将长的纸条一一展示出来,并鼓励幼儿反复尝试,越剪越长。

2. 交流各自用的好方法(例:从外往里一圈连一圈地剪,一正一反不剪到底地剪直线等)。

3. 发现小小的报纸居然可以剪出那么长的纸条,而且剪出长纸条的方法有许多。

四、团报纸

1. 演示团纸团:现在有好多纸屑,看我来整理一下,我是怎样整理的?(发现教师整理成一个小纸团)

2. 大家来团个纸球试一试(要团得紧一些,最后用玻璃胶封住)。

3. 用纸球投篮,大的投进大箩筐,小的投进小箩筐。

五、延伸

利用报纸还能做什么游戏?(如:比一比怎样不用手和粘连物使报纸在胸前不掉落)

# 20. 昆虫总动员

## 活动目标

1. 在与同伴的分享交流中,巩固对常见昆虫名称和主要特征的认识。
2. 培养观察辨别细节的能力,感受昆虫世界的奥妙。

## 活动准备

1. 经验准备:利用各种工具在校园里捕捉过昆虫,和爸爸妈妈参观过昆虫馆。
2. 材料准备:多媒体制作——昆虫小博士、昆虫小侦探图片数张或昆虫录像。

## 活动过程

一、激发兴趣,唤起回忆。

最近你们和爸爸妈妈参观了昆虫馆,请给大家介绍看到的昆虫名称。

二、学当昆虫小博士

1. 挑战一:看阴影猜猜我是谁?

2. 挑战二:躲起来猜猜我是谁?(出示昆虫局部明显特征)

(交流:天牛的触角是它们年龄的表示,螳螂的前腿就像带刺的刀。瓢虫家族的害益之分,如:七星瓢虫是益虫,二十八星瓢虫是害虫等)。

3. 挑战三:看看谁的眼睛最厉害?

亮眼睛一:快速看图片,合上图片回忆有哪些昆虫?

亮眼睛二:哪些昆虫躲在里面?

亮眼睛三:再次打开图片,看一看又多了哪种昆虫?

4. 挑战四:从以下图片中猜一猜什么昆虫会和它们在一起?

(出示花、雷鸣记号、灯泡,猜出蜜蜂、蝴蝶、萤火虫等昆虫。)

为自己当上昆虫小博士而高兴。

三、建造昆虫馆

1. 昆虫是个大家族,虽然它们有不同的名称,可是家族成员都有很多相同的地方,找一找,它们有哪些相同的地方。

2. 从以上昆虫中归纳发现昆虫家族共同的特征,并一一贴在展示板上。

3. 今天昆虫馆里来了许多虫子,有一些不是昆虫也混在里面,请小博士把它们找出来。

(教师将蜘蛛、青蛙、天牛、蜜蜂、蛇、螃蟹、独角仙、蜗牛等都放进原来出示的昆虫中,请幼儿分别把不是昆虫的虫子找出来。)

4. 共同对照检查对错,说出理由,并向不是昆虫的朋友告别:"对不起,你不能住在昆虫馆。"

(例如:蜘蛛八条腿、蜗牛没有腿都不是昆虫,蜜蜂符合昆虫的特征要求,是昆虫。)

5. 昆虫馆开馆。播放录像,感受昆虫世界的奥妙。

# 21. 我的体重我做主

## 活动目标

1. 通过测量,讨论自己的体重,初步了解健康与体重的关系。
2. 激发幼儿探索控制体重、保持健康生活方式的兴趣。

## 活动准备

体重统计表、相关图片、磅秤、棋子等。

## 活动过程

一、测量自己的体重

1. 观察磅秤,说说磅秤的名称和功用。
2. 讨论:怎样才能准确地测量自己的体重。
3. 请个别幼儿演示。记录下自己的体重,贴于相应的表格中。
4. 幼儿两人一组边称重边记录。

二、交流讨论

1. 说一说自己的体重是多少。
2. 讨论大家体重不同的原因,发现高矮或胖瘦等不同,体重就有所不同这一现象。
3. 议论:胖好还是瘦好。

幼儿分成"胖好"和"瘦好"两组,分别说说自己的理由(中途允许换组)。

小结:体重会随人的长大而增加,但到一定程度就不长了,这是我们的生长规律。

三、观察比较

1. 教师出示标准体重表,引导幼儿理解表格中的不同颜色所代表的意义。
2. 将自己的体重记录放在标准体重表对应的数字下面,并了解自己的体重是否符合标准。
3. 说说哪些小朋友的体重符合标准,哪些稍胖或稍瘦,推断其产生的原因(教师用图示归纳)。
4. 介绍让我们的体重符合标准的好办法(教师用图示归纳)。

三、学下健康宝宝棋

1. 运用放大的棋盘,请幼儿分别将两种图示贴在棋盘的格子里。
2. 共同制定规则(例如:健康的行为进两步,不健康的行为退两步等)。
3. 幼儿分成两队,轮换走棋,先到达终点的那一组为健康宝宝(该棋盘也可放在地面上进行)。

# 22. 探险小勇士

## 活动目标

1. 能读懂简单标志、文字、图画所表示的内容,并能用语言较清楚地表达。
2. 在小组合作的探险活动中确定前后左右位置,共同完成任务,体验成功的喜悦。

## 活动准备

1. 将活动室分别布置为山洞、小桥、鳄鱼池和黑暗小屋等数个探险区。
2. 大地图一份,各组分别有小背包一个,内藏签字笔一支和小地图一份(小地图上已标出探险第一站)。

## 活动过程

一、学看大地图

1. 分辨地图上的探险区名称。
2. 了解地图上的简单标志和位置。
3. 对照大地图分辨活动室的探险区。

二、寻找探险路线

1. 幼儿自由结伴,分成二到三人一组,每组拿一个小背包。
2. 分别看各自的小地图,在地图上寻找探险的第一站的位置。
3. 第一次交流:各自的出发地在哪里。
4. 各组继续讨论确定探险路线,思考走哪条路最便捷(不用走回头路),并用红笔在地图上标出。
5. 第二次交流:各自的探险路线,发现各不相同。

三、出发探险

1. 按确定的路线前进,每到一处,按探险地的要求做一件事,例如:在山洞里救出一个小动物,在小桥上打开一把锁或取出一封信等。
2. 边走边在小地图上标出自己的新发现。
3. 在规定的时间内返回大本营。

四、交流

1. 看一看哪几组完成了四个探险任务,准时归队。
2. 交流各自的发现。
3. 说一说探险的诀窍。

# 23. 变与不变

## 活动目标

1. 在探索、操作的过程中,发现日历上"变与不变"的现象。
2. 激发幼儿乐意观察周围事物的变化发展规律。

## 活动准备

大型"春"字、四季变化图、日历若干份、彩色笔若干、多媒体课件(钟表、白天黑夜、水的变化等)。

## 活动过程

一、谈话导入

(教师出示"春"字)

1. 提问:你们认识这个字吗? 看到这个字你会想到什么?

2. 总结:春天真美好,小草大树发芽了,花儿都开了,动物们都苏醒了,春天真是一个美丽的季节。

二、感受"变与不变"的现象

1. 提问:春天这么美好,我们可不可能一直过春天? 我们什么时候可以再过春天?(在幼儿讨论时,教师出示四季变化图)

2. 总结:我们不能一直过春天,但过了冬天我们就可以再过春天。一年四季的季节是在变化的,但是季节变化的顺序是不变的。

3. 我们生活中还有没有其他东西也是这样变的?(播放多媒体课件)

4. 总结:生活中很多东西是在变化的,但是他们的规律是不变的,只要我们仔细观察,就会发现很多很多。

三、找日历上"变与不变"的秘密

(出示日历)

1. 提问:你们认识它吗? 叫什么? 日历上的数字告诉我们什么? 请你们找找日历上什么是变的?(幼儿探索年、月、星期、日的变化)日历上有没有不变的地方?(年、月、星期和日期的排列顺序)

2. 总结:一天天过去了,一月月过去了,一年年过去了,世界万物都在变化,不变的是它们各自的规律。

# 24. 它到哪里去了

### 活动目标

1. 在小男孩和妈妈的对话中,初步感受自然界事物循环往复的有趣规律。
2. 激发幼儿好奇好问以及对自然界不变现象的探究欲望。

### 活动准备

白天、黑夜、雨的循环、春夏秋冬等图片。

### 活动过程

一、引起兴趣

1. 出示蓝天图片,问:看到蓝天你会想到什么?

2. 有一个小男孩,他也眼巴巴地看着蓝天,他又会看到什么呢?

3. 我们一起来说说:它到哪里去了?

二、感知理解

1. 第一小节:小男孩问妈妈白天到哪里去了。

(1)你们知不知道白天到底到哪里去了?

(2)师简单小结:白天过去了,夜晚来到了,当夜晚结束的时候,白天又来到了。

2. 第二小节:雨到哪里去了。

(1)小男孩问妈妈雨到哪里去了? 你们猜妈妈会怎么回答?

(2)小男孩还会问问题吗? 他会问什么?

(3)这次他问云到哪里去了? 谁来帮妈妈回答?

(4)小结:雨飘落到地上,太阳一晒变成了水蒸气,许多水蒸气聚集在一起又变成了云,云越积越厚,又变成了雨。你们发现了什么秘密?(原来它们就好像刚才说的白天和黑夜一样都在跳一个又一个圆圈舞呀)

3. 第三小节:四季。

(1)出示春天画面,小男孩说:可我总觉得这个时候会有什么东西不见了,你猜他觉得是什么不见了呢? 真的不见了吗? 它到哪里去了? 而妈妈又会怎么回答他呢?

(2)请幼儿分小组与同伴讨论讲述最后一段。

(3)分享交流。

4. 完整讲述故事。

三、拓展想象

1. 小男孩还在不断地问妈妈问题,那么他还会问些什么问题呢?

2. 你们还知道哪些也是循环的?

3. 是呀,这个世界真的就是这样循环着,没有什么会不见了。

# 25. 树木是我们的好朋友

## 活动目标

1. 幼儿在听听、想想、议议、做做的过程中,感受树木与动物、人类的密切关系。
2. 能较清晰地表达自己的想法,初步建立关心、爱护树木和环境的意识。

## 活动准备

1. 观察画面:茂盛的森林、被砍伐的树。
2. 各种树的功用的照片、小纸片、记号笔。

## 活动过程

1. 情境导入:
(1) 观察画面一:这是一片怎样的树林,谁生活在这里?
(2) 听散文:《树林和动物》,说说散文的内容。
(3) 可是随着时间的流逝,不应该发生的事情还是发生了。一天,小鹿、小猴、小鸟以及其他的动物都要搬迁到其他森林去生活了。这是什么原因呢?
(4) 幼儿联想、思考,联系已有的生活经验相互讨论。
2. 讨论树木与动物及人类生存的相互关系。
(1) 观察图二:树木都被人们砍掉了,动物们离开森林。
(2) 讨论:人们为什么要砍掉树木呢?
(3) 为什么树木砍掉以后,动物们就要离开森林呢?
3. 了解树木与人类生活的关系。
(1) 小组讨论:树木可以帮助我们些什么? 并用简单的图画表示。
(2) 小组用自己的图交流介绍。
(3) 教师出示各种树的功能的照片给幼儿观赏,发现哪些是我们已经知道的,哪些是我们现在发现的。
4. 延伸:思考怎样保护树木让小动物重新回到森林,设计《树木是我们的好朋友》宣传画。

# 26. 我是中国人

长城、长江、黄河是中国的象征;造纸术、印刷术、指南针、火药是中国人智慧的结晶;京剧、国画是民族的艺术,还有我国多民族的民俗民风,这些都将等待孩子们去探索。他们的发现越来越多,惊奇越来越多,感受也会越来越深,他们的内心会逐渐萌发爱国之情。

**实录一:网络上面找资料**

看到孩子们对中国的知识很感兴趣,我有了去分头研究、交流的想法,我的建议得到了孩子们的响应,于是他们自己选择感兴趣的内容,有"中国的骄傲"、"了不起的中国人"、"中国知多少"等内容。他们的关注点不再满足于杂志、报刊等信息,在老师和爸爸妈妈的帮助下,开始学习在网上寻找研究资料。

没两天,孩子们发现了很多的秘密。

诺诺说:"'神六'是我们中国人的骄傲。"

王艺霖说:"我找到了有关兵马俑的资料,这也是我们中国人的骄傲。"

冬冬说:"中国最早的四大发明:造纸术、印刷术、指南针、火药,就是中国的骄傲,我能详细地给大家介绍。"

大斐说:"三峡建设也是中国的骄傲,我在网上看到了图片,妈妈还帮我买了这张碟片呢!"

……

"你们说了这么多,怎么让同伴看懂、听懂呢?"我说,"我们在和爸爸妈妈、老师一起找资料的同时,想一想如何把这些内容用我们能看懂的方式记录下来,给大家介绍呢?"

世界第八大奇迹——秦始皇兵马俑 剪纸

2008 北京奥运会 2010 上海世博会

几天后,很多孩子都带来了由老师、父母帮助他们一起从网络上获悉的有关"中国的骄傲"

的第一手资料。

这些资料经过老师和幼儿的再加工，就成了既可以让幼儿看懂又能帮助幼儿理解的图加文介绍材料了。

**实录二：资料库里找知识**

这一活动得到家长的大力支持和孩子们的积极响应。大家纷纷行动，有的帮孩子去书店买书，有的带来了视频资料，有的带来了图片资料，还有的带来了爸爸帮着制作的幻灯片，甚至还有明信片和民族服装、民间工艺等资料。一时间，我们有了一个资料库，孩子们有需要就可以随时找。

"了不起的中国人"小组开始活动了，"谁来说说，你知道的了不起的中国人。"

幼1拿出了《名人小时候的故事》图书，介绍起了"铁棒磨成针"的故事……只要功夫下得深，铁棒也会磨成针。

幼2拿出了《春天的故事》录音带，"我为大家介绍了不起的中国人——邓小平……"

幼3拿出了妈妈帮着制作的幻灯片，介绍起了56个民族。当屏幕上出现好男儿蒲巴甲的图片时，他就说："你们知道他是什么少数民族的吗？"……孩子们看着这些多媒体资料，看到生动的画面，注意力都被吸引住了，都不住地提问"这是什么民族？他们住在哪里？……"

**实录三：画报制作显本领**

几组幼儿分头研究着，手上的资料也越显厚实，然而如何帮助幼儿归纳梳理、提炼和总结呢？以前的阅读活动都有一本现成的核心阅读的材料供幼儿使用，而这次又如何让幼儿在收集到繁多的阅读材料后,能形成一份核心的读本。正当大家都在为这一问题发愁时,几位幼儿提议:把我们收集到的资料装订在一起,做一本书,这样大家就可以了解我们小组的研究内容了。

这一提议得到了更多孩子们的欢呼和家长的支持,我们开始着手制作一本属于自己的"幼儿画报"——阳阳画报。孩子、老师、家长分工合作,在原有资料的基础上,有的筛选,有的排版,有的文字编辑,有的负责打印……

不一会,在家长、孩子们的努力下,一幅幅生动的画面经过归类、整理,阳阳班的首本亲子、师生共同制作的画报呈现在了我们的眼前。

# 27. 谁和谁好

## 活动目标

1. 鼓励幼儿大胆想象，尝试为生活中各种常见的事物找关联。
2. 能遵守游戏规则，体验竞赛游戏的快乐。

## 活动准备

"谁和花儿好？"图片或照片、卡片若干（柳树、鸟、录音机、电话、太阳、牛奶等）。

## 活动过程

游戏一：谁和花儿好？

玩法：幼儿为花儿找十个不同的朋友。找对了，每一片花瓣的颜色就会变，最后成为一朵美丽的花。

规则：

1. 幼儿给花儿找好朋友，每讲出一样和花儿要好的东西，花瓣的颜色就会变，如果幼儿能讲出十样和花儿要好的东西，它就会变为一朵美丽的花，你们就赢了。

2. 幼儿为花儿找到的朋友不能重复，而且要讲出这些东西和花儿要好的理由。

重点：引领幼儿大胆想象，寻找不同的事物和花儿做朋友。

游戏二：谁和谁好？

玩法：幼儿分成两队比赛，看哪一组能在卡片中寻找到多种关联，得卡片数多的队为赢。

规则：

1. 每组派一个代表选择两张能做好朋友的图片，用优美好听的话说出它们做好朋友的理由。

2. 答对者将图片放在排头幼儿的旁边。

3. 找到的两个好朋友不能和别人的重复。

4. 游戏轮番进行，最后图片得数多的一队获胜。

重点：能用完整的语句表达各种关联。

## 附儿歌：

| 谁 和 谁 好？ | |
|---|---|
| 谁和谁好？ | 藤儿和瓜好， |
| 它们手拉手， | 不吵也不闹。 |
| 谁和谁好？ | 蜜蜂和花好， |
| 蜜蜂来采蜜， | 花儿仰脸笑。 |
| 谁和谁好？ | 我和小朋友好， |
| 大家唱起歌， | 一起上学校。 |

# 28. 我们在呼吸

■ **活动目标**

1. 感知呼吸的存在和作用,有进一步探索人体呼吸的兴趣。
2. 积极参与操作实验活动,感受实验活动的乐趣。

■ **活动准备**

1. 睡觉、说话、游泳、吃饭、跑步、跳舞、静坐、跳绳、写字、站立等图片。
2. 人体模型一个。
3. 人手一张小纸片。

■ **活动过程**

一、小游戏——"纸片动起来",感受呼吸的存在

1. 幼儿人手一张长条形纸片,不用嘴巴吹气,放在自己鼻子前,观察纸片的变化。
2. 提问:小纸片怎么了? 为什么小纸片会动?(引出呼吸)
3. 追问:如果人不呼吸呢? 会怎样?(幼儿自由讲述)
4. 再次现场感受:幼儿捏住鼻子,闭住嘴巴,屏住呼吸,教师数数,看谁坚持得久。
5. 交流:屏气时你有什么感觉?(幼儿自由表述)
6. 小结:每个人都有呼吸,呼吸对每个人很重要。

二、人离不开呼吸

1. 人是离不开呼吸的。

(1)提问:人有没有不呼吸的时候?(幼儿自由讲述)

(2)师出示一些已经准备好的图片:如睡觉、说话、游泳、吃饭、跑步、跳舞、静坐、跳绳、写字、站立等,让幼儿判断哪些时候人可以不呼吸。

(3)请幼儿排除肯定需要呼吸的图片,在有争议的几个图片上采用进一步事实验证。

睡觉时:幼儿可能说"听打呼噜声";可追问"如果不打呼噜呢"——呼吸声;还有吗——身体在起伏,可结合一段幼儿睡觉时的视频录像解释。

讲话时:现场将手放嘴巴前,说一句话,感受气息的变化。

数冬瓜或唱歌:感受无论憋多长的气,最后总是要呼吸的。

坐着不动时:方法可同上。

游泳时:看到嘴巴里冒出的气泡。

(4)共同小结:人时刻不停地都在进行着呼吸。

2. 了解呼吸的意义。

(1)提问:人是靠什么来呼吸的呢?

(2)观察人体模型:人靠肺吸进氧气、呼出废气,氧气和废气是在肺里交换的。人有左右两叶肺,有弹性,空气进去时就变大,空气吐出时就变小。

（3）实验感知：用手按住胸口，跟着老师一起深呼吸，充分感受呼吸时胸廓的变化。

（4）共同小结：人的一切活动都需要氧气，唱歌、跳舞、做运动、心跳、吃东西、吃下去的东西要消化等。

三、人有不同的呼吸

1. 实验对比"小呼吸和大呼吸"：幼儿再次拿出小纸片，放在鼻子前，感受发现不同的呼吸产生的不同现象。

2. 讨论：怎样的呼吸才能使小纸片飘得高，飘得时间长？

3. 观察图片（跑步时，吹蜡烛时，闻香味时，吹喇叭时，生气时，静坐时，吃东西时），讨论：做这些事的时候，人的呼吸有没有变化？什么时候只要小小的呼吸？什么时候需要大大的呼吸？

4. 延伸：继续探索怎样才能让小纸片吹得远、吹得高。

# 29. 食物的旅行

### 活动目标

1. 有目的地观察画面进行思考与交流,探索食物的消化过程。
2. 了解饮食与健康的关系,培养良好的生活习惯。

### 活动准备

1. 图画书《便便》数本,写有食道、胃、小肠、大肠的文字卡片,"大便时该怎么做"标准答案图一张。
2. 游戏卡片:幼儿操作用食道、胃、小肠、大肠画面,印有 6 张小图的画面各组一张。

### 活动过程

一、再现经验

1. 观察图画书《便便》,推测书中可能告诉我们什么。
2. 观察画面:人们在干什么? 吃下去的东西从身体里出来的时候都是什么呢?
3. 讨论:(1)美味的食物为什么会变成便便?(2)既然吃下去的东西都变成了便便,为什么每天还要吃很多东西呢?

二、阅读、讨论

(一)集体翻阅图画书:初步了解食物在体内经过哪些管道

1. 比较画面:

从画面上发现,我们身体里的管道是弯曲的,我们每天要吃很多东西,吃下去的东西要经过长长的弯曲管道才变成便便。

2. 观察画面:

(1)初步了解我们吃下去的东西都要经过食道、胃、小肠、大肠等 4 个管道。

(2)教师依次在展示版悬挂图片的上方,用文字标出 4 个消化器官的名称。

(二)小组阅读:每个小组分别选择一张画面

1. 分组仔细观察了解画面内容:这些管道是什么样子的? 它们在做什么工作? 食物在这里变成了什么?

2. 教师按照画面的不同内容,适时进行引导或参与讨论,例如:

(1)食道:观察食物们不同的颜色和表情,想象它们可能是什么,为什么有的轻松,有的紧张。哪些食物先下去,哪些卡住了,食道会有什么办法对付等。

(2)胃:观察粗细两种虚线,了解胃帮助食物在干什么,哪些食物可能会早些下去,哪些会有麻烦,怎么办等。

(3)小肠:观察小肠像工厂,工人们在干什么,思考工人们可能从食物里吸收哪些营养,有没有食物没有营养等。

(4)大肠:观察大便的颜色怎么在变,思考:大便里的水分会变成什么,如果没有水分会怎样,有什么办法让大便快出去等。

（三）交流分享

1. 以食物的口吻设定观察线索：

今天妈妈给小明准备了很多好吃的食物,食物们非常高兴,都想快点到小明的肚子里去旅行。

2. 按以上线索由每组幼儿依次介绍,全体幼儿进一步谈论：

（1）食道

观察与交流：食物都很高兴经过一条长长的管道（食道）,大个子鸡块怎么卡在食道里下不去了,黄瓜、土豆、青菜、胡萝卜说,我们反正个子小,快一起下去,怎么又堵塞差一点倒退？

讨论：怎样才能让食物顺利通行？（细嚼慢咽）

（2）胃

观察与交流：食物来到了一个大厅,胃怎样欢迎它们,它们在胃里会怎样消化？

哪些食物不能进入小肠？ 胃怎么办,什么时候胃会生病？

讨论：食物们该想什么办法保护胃？（按时进餐,不要吃得过多或过少）

（3）小肠

观察与交流：食物来到了小肠,这是最繁忙的地方,小肠准备送营养给全身,小肠欢迎哪些有营养食物。

讨论：饭有没有营养？（凡是粮食都是谷类,帮助我们长高、长得结实）什么是垃圾食品？（油炸食品）

（4）大肠

观察与交流：食物们胜利地完成了任务,剩下的废物变成了大便,它们还要过最后一关,为什么它们都想赶快离开大肠,大便留在身体里有什么害处。

讨论：怎样让大便顺利离开？（多喝水,按时大便）

三、游戏：真真假假想一想（小组合作）

大便从我们的身体里出去的时候,我们该做些什么？

1. 每组一张画面,上面有 6 个小图,表示大便的时候我们做的事情,做得对就在小图边上的空格里打钩,不对则打叉。

2. 逐张观察画面,确定是非,对有争议的问题可以展开讨论,例如：便后不冲水是不是节约用水;垃圾扔在马桶里有什么危害;坐在马桶上玩别的物品或玩具行吗;男孩子站在马桶边小便时需要做一件什么事等。

3. 各组对照标准答案,共同检查回答是否正确,全部正确小组为文明宝宝。

## 附小图内容

（1）垃圾扔进马桶;（2）坐在马桶上大便;（3）蹲在马桶上大便;（4）坐在马桶上玩手纸;（5）拉完大便就冲走;（6）不把大便冲走就离开。

# 30. 我们的城市

■ **活动目标**

1. 交流各自收集的资料,用语言和非语言的方式大胆地表达、表现。
2. 感受城市的变化,进一步激发幼儿对上海这座城市的情感。

■ **活动准备**

幼儿自编《阳阳画报》人手一份、《上海的交通》题卡及记分牌、两张采访记录、表演道具(毛巾、响板、拉车、爷爷的帽子)、教师介绍的新旧建筑、幼儿介绍的建筑照片、歌曲磁带。

■ **活动过程**

一、导入

最近我们对我们的城市上海很感兴趣,大家搜集了很多资料,今天愿不愿意和大家一起来分享呢!

二、分组交流探索的经验

(一)闪亮彩虹组:介绍生活设施的变化

给大家猜三个动作,是否能够猜出我们表演的动作说明发生了哪些变化?

由该组幼儿分别表演三个动作,请其他组的幼儿猜。

猜测第一个动作为以前夏天只能用扇子降温,现在很多家里都安装了空调。

猜测第二个动作有两个答案:以前都用手洗衣服,现在可以让洗衣机帮忙;以前用算盘来算,现在用计算机又快又不容易算错。

猜测第三个动作为以前扫地用扫帚,现在有了吸尘器特别轻松方便。

师:大家都猜得很对,你们小组还有什么介绍吗?

小组幼1:这是我采访妈妈的采访记录表,你们看出来了吗?老虎灶是以前泡开水的地方,现在家家户户都有了饮水机,一开很方便的,冷、热水都有了。

幼1:什么是老虎灶?

小组幼1:老虎灶就是打开水的地方,以前人们家里用的都是煤炉,烧热水很不方便,如果需要用热水就要跑到很远的老虎灶去打开水,还要排队,很不方便。

幼2:(看了该组的第二张图)我猜出来了,以前电视机放在很高的地方大家一起看,现在家家户户都有一个大的彩色电视机,坐在家里沙发上看,又方便又舒服。

师:除了他们组介绍的生活中设施的变化,你们还知道什么生活中的变化?

幼3:以前用煤球,现在用煤气,很方便,一开就出来了;以前照相机要按很多开关,现在能连电视机、电脑。

小组代表:刚才介绍的内容就在《阳阳画报》的1—7页,请一起来看一下吧!

幼儿共同翻阅。

师:现在生活中的很多设施让我们又方便、又卫生、又省力、又轻便、又舒适。

（二）钻石组——用画报资料介绍城市建筑的变化

钻石组成员：我们是人见人爱、花见花开的钻石组，我们的口号是：钻石钻石永远闪亮。

小组代表：我们收集了很多资料，发现城市的建筑发生了很多变化，请大家一起看一看说一说。

1. 上海标志性的建筑是什么？（是东方明珠电视塔，它有486米高，是亚洲第一高塔，世界第三高塔，真是上海的骄傲。）

2. 上海南京路是一条怎样的街？（是上海的第一条步行街和商业街，是非常繁华、热闹的街，那里有很多餐厅和商场，还有很多现代化的设施和古老的游览电车。）

3. 上海科技馆：由三位幼儿轮流介绍机器人展区、地壳之谜展区、环球影幕。

4. 上海有些什么样的房子？（石库门房子、新式弄堂房子、新盖的小区，以及平改坡的屋顶等。）

大家边听边翻阅《阳阳画报》8—16页。

师：我们现在把非常有意义的老建筑保留下来，又有很多现代的建筑拔地而起，到处都是繁华热闹的社区、宽敞漂亮的绿地，真是一年一个样，三年大变样。

（三）四通八达组——用动作介绍交通的变化

小组代表：我们是四通八达组，我们小组介绍的是城市的交通四通八达，请看小品表演，看看老上海有哪些交通工具。

小组幼儿表演小品请大家说出：人力车（黄包车）、三轮车（黄鱼车）、平板车（老虎塌车）等三种车的名称。

小组代表：我们还准备了很多头脑大风暴题目，请各小组轮流说：

（1）说一说黄浦江上大桥的名称。（南浦、杨浦、卢浦、奉浦等）

（2）说一说上海隧道的名称。（延安中路、复兴中路、打浦路等）

（3）分辨蓝色的警示标志、黑圈黄底的警告标志、白圈红底的禁令标志。

（4）说一说我们城市里常用的交通工具。（公交、地铁、出租车等）

继续共同翻阅《阳阳画报》。

师：感谢"四通八达"组给我们带来了精彩的题目，我们对上海的交通有了更多的了解。有那么多车真好，交通真方便。

三、经验提升

师：我们还喜欢上海些什么？有没有《阳阳画报》里没有的呢？

幼1：城隍庙的上海特色小吃。

幼2：刘翔、姚明都是上海著名的人物，为中国争光，为城市争光。

幼3：外滩是世界建筑博览。

幼4：还有世博会的中国馆和其他国家送给我们的展馆，都是上海的标志性建筑……

师：看来我们说也说不完，请大家把这些继续补充到《阳阳画报》里去。

# 31. 各种各样的人

### 活动目标

1. 知道世界上有各种各样的人，每个人都是不一样的。
2. 发现自己和别人不一样的地方，对自己充满自信。

### 活动准备

1. 观察画面：各种各样的人。
2. 画板、画笔等。

### 活动过程

一、出示"人"字

1. 这是什么字？（一撇一捺组成一个字，这个字念"人"）

2. 世界上有许多许多不同的人，你见过什么样的人？

3. 发现世界上有许多许多的国家，每个国家的人都长得不一样，头发、皮肤还有许多许多不一样。

二、聊一聊"各种各样的人"

（一）出示课件图 1

1. 世界上有各种各样的人：有的人皮肤很黑，有的人皮肤很白，有的人脸上长着痣，有的人脸上长满了痘痘，有的人戴着眼镜，有的人喜欢留长头发，有的人喜欢留短发。

2. 发现每个人都有自己特别的地方，即使是双胞胎只要你仔细观察他们也会有小小的不同，体会世界上每个人都是特别的，都是"独一无二"的。

（二）说说同伴"独一无二"的地方

1. 用耳朵听辨：猜猜是谁的声音。

2. 用眼睛看：每个人的五官、长相，还有许多不一样的地方。

3. 说说班上小朋友"独一无二"的地方。

（三）讨论交流：哪些地方需要很长时间才能被发现

每个人的爱好、性格等也是"独一无二"的，但要很长时间才能发现。

三、交流各自最喜欢做的事情

1. 每人在纸上用简单的图像画一画自己"独一无二"的地方。

2. 看看说说大家的独一无二：

（1）看一看同伴的画面，说一说他的独一无二。

（2）猜一猜朋友的独一无二，从画上证实自己的猜测是否正确。

（3）找一找哪些朋友的画面相同，说一说他们有什么相同和不同（例如：都是爱弹钢琴，但是有的爱舞曲，有的爱摇篮曲等）。

四、创编诗歌

教师念开头和结尾,幼儿用"我喜欢……""我和别人不一样"创编中间部分,如:

### 各种各样的人

世界上有各种各样的人,
就好像天空中有各种各样的云,
好像大海里有各种各样的鱼,
好像花园里有各种各样的花,
我们每个人都是不一样的,
都是独一无二的,
我喜欢和小朋友在一起,
……
我和别人不一样。
……
每个人都是不一样的,
每个人都是独一无二的,
我们还有更多更多不一样的地方,
让更多更多的人喜欢我们。

# 32. 有卡真方便

■ 活动目标

1. 在为磁卡分类的活动中，了解各种磁卡与我们生活的关系，以及使用磁卡的便利。
2. 在设计标记和竞赛游戏中体验合作的快乐。

■ 活动准备

收集到的各种磁卡；统计表四份；小树四棵；苹果若干。

■ 活动过程

一、介绍自己收集的磁卡，了解磁卡的不同作用

师：这两天我们一起收集了各种各样的磁卡。谁来介绍一下你收集了什么卡，有什么用？（幼儿自由讲述）

幼：我带来的是医疗卡，看病时可以用。

师：有了医疗卡，看病时一刷就知道你是谁了。

幼：我带来的是交通卡，可以乘车时用。

师：有了交通卡，我们不需要带零钱就可以乘无人售票车，为我们出行带来了方便。

幼：银行卡可以去银行里取钱或存钱。

师：有些银行卡还可以在超市、商场、饭店里消费。

幼：手机里没钱了可以买张充值卡，把里面的钱充在手机里就又可以打电话了。

幼：会员卡买东西的时候可以便宜点，还可以参加商店里的活动。

师：我们的生活中有这么多卡，医疗卡、交通卡、银行卡、充值卡、观光卡、会员卡……不同的卡有不同的用处，有了这些卡我们的生活更方便了。

二、尝试按磁卡的作用做标记、分类

师：这么多卡放在一起找起来很不方便，我们把它们来分一分吧，可以怎么分呢？（幼儿自由讲述）

幼儿：商议如何做标记。

师：每张桌上都有一张表格，我们可以把一样作用的卡放在一间房子里。那么怎样才能一看就知道这是什么卡住的房子呢？（幼儿自由讲述）

师：如果是银行卡的家，可以设计什么标记？

幼：画一个表示钱的符号。

师：如果是会员卡的家，我们画个什么标志呢？

幼：我可以画几个小人来表示。

幼儿：尝试合作设计标记、分类。

师：这里还有很多卡，我们试试帮它们做标记，分一分好吗？你们可以先和自己小组的朋友商量一下，然后记录下来，再为桌上的卡找到适合自己的家。

幼儿操作后分享交流。

师：谁来介绍？这些标记表示什么意思？

师：每种卡有几张？一共有几张卡啊？

师：有了这些卡，以后我们的娃娃世界做游戏时就方便多了。

三、和卡捉迷藏

师：你们为各种卡找到了自己的家，它们非常开心，想和小朋友们一起做"捉迷藏"游戏。

磁卡们都躲在了小窗后面，每组一次请一位小朋友找一张卡，然后说一说这是一张什么卡？它有什么用处？

答对了的小朋友可以得到一张旅游卡，比一比，哪组的小朋友得到的旅游卡最多就是冠军。

# 33. 我的一卡通

■ 活动目标

1. 大胆运用已有的数经验解决问题,进一步感知列式中三个数字代表的不同意义。

2. 体验一卡通给我们生活带来的方便。

■ 活动准备

幼儿自制一卡通卡、列试题卡、模拟刷卡机若干个,公共汽车、轻轨、地铁站牌,幼儿张贴记录卡板,记号笔,标有不同票价的游戏项目图数张。

■ 活动过程

一、说说自己设计的一卡通,感受一卡通的多种用处

幼儿自由介绍自己设计的一卡通有哪些用处。

师:说不定在不久的将来,生活中的一卡通就像你们设计的一样神通广大,潇洒一挥,走遍天下了。卡里没钱能刷卡吗(不行)？今天我已经在你们的卡里都充了8块钱。

二、使用一卡通,感受一卡通给我们生活带来的方便

1. 回忆交通工具标记。

师:一卡通里有了钱,就可以乘车到公园玩了,到公园我们可以乘哪些交通工具到达?

(出示标记)今天随便你乘一种交通工具都可以直接到达公园。

2. 介绍一卡通的使用方法。

师:你们知道怎么刷卡吗?(幼儿自由介绍)

师:这里就有刷卡机,如果你乘的车需要3块钱就按一下数字3,把卡插进去,灯亮了,就表示刷卡成功了。想不想试试?

3. 提出游戏要求。

师:今天乘车有一个要求,每一次刷好卡以后要用一道算式题记录下来,让大家一看就知道卡里原来有多少钱,刷卡用掉了几块钱,里面还剩几块钱,然后把卡插在记录板上。

4. 幼儿游戏、操作。

每个小朋友拿好一卡通,按自己确定的方法出发乘车。

5. 交流。

师:让我们一起来看看每位小朋友都乘了什么交通工具,卡里还剩下多少钱呢?

(1)先看乘公共汽车的小朋友。教师随机寻找问题:乘汽车的小朋友都剩下多少钱?怎么会剩下3块钱呢?请一位小朋友来解释一下。

(2)依次观察其他小朋友的卡里还剩下多少钱。

6. 梳理:整理8以内减法的不同列式,发现乘坐不同车,由于票价不同,剩下的钱也不同。

三、大胆运用已有数经验解决游戏中充值的问题

师:让我们一起去看看公园有些什么好玩的吧。

1．了解游戏项目：公园里有些什么活动项目，各要多少钱呢？

2．看看说说卡里的钱能玩哪个活动项目呢？如果钱不够怎么办？（幼儿想办法，引出充值）

3．尝试充值：

师：一卡通就是方便，卡里的钱不够了，只要再充值就又能用了。

介绍玩法：

（1）观察桌上不同游戏项目的票子；（2）选择游戏项目，把对应的票贴在一卡通上；（3）算一算卡里原来有多少钱，现在需要玩的游戏需要多少钱，应该再充多少钱；（4）把要充值的金额记录在卡的下面。

4．幼儿操作：

（1）以一张卡为例，共同尝试，了解规则。

（2）分别计算并按需要为自己在卡内充值。

四、交流

1．介绍自己想玩的游戏项目和需要在卡内充多少值。

2．共同验证是不是可以去玩。

## 延伸

1．在游戏中创设使用一卡通的项目，充值正确的幼儿在游戏中使用一卡通玩对应的游戏项目；出错的幼儿，可请老师和同伴帮助再试着充值。

2．逐步增加充值项目，算算如果想玩两个或两个以上游戏需要充多少值。

# 34. 田鼠太太的项链

■■ **活动目标**

1. 按照故事情节能按物体的一些特征寻找出相匹配的算式题。
2. 通过操作,体会故事中贪心自食其果的含义。

■■ **活动准备**

算式题卡片若干,模拟谷子、玉米、花生仁等粮食袋。

■■ **活动过程**

秋天快过去的时候,田鼠太太就开始为过冬准备粮食了。田鼠太太来到花生地里,它找呀找,哪里有花生仁呀?这儿有一些,咦,那里也有一些。田鼠太太拾到许多花生仁。到了家,它把这些花生仁装进了瓶子。

★ 谁能找一道算式题告诉田鼠太太一共有几瓶花生仁?(5+1=6)

田鼠太太装了6瓶花生仁。它想这个月肯定够吃了,可是下个月怎么办呀?家里还有小田鼠,这些粮食够吃吗?趁天还没冷,田鼠太太来到了玉米地里。它找呀找,弄脏了衣服、挂破了裤子,终于找到了几个玉米(包谷)。

★ 你们能不能也找一道算式题来告诉田鼠太太一共有几个玉米?(3+4=7)

田鼠太太找到了花生仁与玉米,它想这个月和下个月应该够吃了,可是冬天很长,再下个月怎么办呀?于是田鼠太太又来到了田里,它想在地里找些粮食,这一次它把鞋也走破了,最后它终于找到了一些谷子。它把这些谷子装进了袋子,田鼠太太一共找到几袋谷子呢?

★ 哪一道算式题可以用来表示呢?(6+2=8)

现在田鼠太太已经准备好过冬的粮食。它一共储存了几种粮食呀?

它想这下我可以舒服地过完整个冬天了。趁天气还没有冷,田鼠太太在树林里散步。突然,它拾到了一串项链……

★ 这串项链从哪里来的呢?(幼儿讨论)

田鼠太太快活得马上把项链挂在脖子上。但它发现自己的衣服配不上这串高贵的项链,急急忙忙回家拿出准备过冬的谷子,用所有的谷子换来一件崭新的时装,穿在身上,立刻显得更高贵了。

★ 它用8袋谷子换了漂亮的时装(拿走实物),准备过冬吃的谷子还有吗?

★ 谷子没有了,可以用哪个数字表示?(0)

田鼠太太又觉得自己的裤子还不够高贵,配不上这串拾来的项链,于是它又拿来准备过冬的7个玉米,换到了一条漂亮的裤子。

★ 田鼠太太原来有7个玉米,现在用7个玉米换了一条裤子(拿走实物),还剩下几个玉米呀?

★ 找一找,哪道算式题可以表示玉米没有了?(7-7=0)为什么要选这道算式题?(说说

题意）

　　田鼠太太走到大街上，头抬得高高的，好让大家能看到它脖子上的项链。走着走着，她又发现脚下穿的鞋子还不够高贵，立刻回到家，拿出了准备过冬吃的 6 瓶花生仁。这已经是剩下的最后的粮食了。冬天快到了，吃什么啊？可田鼠太太却顾不得这些，还是用 6 瓶花生仁换来了一双新鞋，穿在脚上。

　　★ 准备过冬吃的花生仁被换成了新鞋（拿走实物），冬天田鼠太太还有花生仁吃吗？

　　★ 找一找，哪道算式题可以表示花生仁没有了？（6－6＝0）

　　田鼠太太为了这串项链，穿着高贵的新衣和新鞋走在大街上，可惜积蓄的粮食全都给换掉了。

　　★ 田鼠太太原来储存了几种粮食？

　　用谷子换成了时装，谷子没有了。谷子→0

　　用玉米换成了裤子，玉米没有了。玉米→0

　　用花生仁换成了新鞋，花生仁没有了。花生仁→0

　　★ 原来的 3 种粮食都给换掉了，一点都不剩了。

　　★ 可以用哪道算式题表示一点都不剩了？（ 3－3＝0）

　　秋天过去了，冬天来到，空中刮着北风下着大雪，天气冷极了。田鼠太太脖子上挂着高贵的项链，肚子饿得咕咕直叫，没法子了，只好穿着新衣和新鞋，在盖着雪的山野里，寻找吃的东西。

　　★ 在刮着北风下着大雪的冬天里，田鼠太太找得到粮食吗？

　　★ 田鼠太太原来已经储存了很多粮食，可以舒服地过完冬天了，为什么现在它还在雪地里找粮食？

　　★ 田鼠太太拾到项链的时候究竟该怎样做呢？为什么？

# 35. 涂色找动物

## 活动目标

1. 通过游戏,体验加减符号在试题中的不同意义,引起幼儿在试题运算中对加减符号的重视。

2. 提高幼儿观察、比较的能力。

## 活动准备

1. 涂色练习纸(如图将固有动物的图画分割成若干块,每格内写有无符号的加减算式题)。

2. 蜡笔、铅笔。

## 活动过程

1. 用铅笔将算式题中缺少的加减符号填上去。

2. 用蜡笔将填有加号的格子涂上同一颜色(如咖啡色、土黄色等),将填有减号的格子涂上绿色,涂好后看看找到了什么动物。

游戏说明:

(1) 涂色可供幼儿自我检验,如果看不出涂出了什么动物,那就要仔细找找哪一格的符号可能填错了!

(2) 涂色前可引导幼儿将算式题检验一遍,以免涂错颜色。

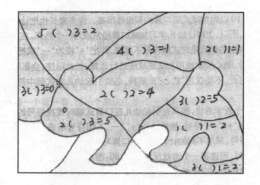

# 36. 挂灯笼

## 活动目标

1. 认读加法算式题,初步理解算式中"＋"、"＝"和三个数字的实际意义。
2. 比较、分辨灯笼的特征,学习将灯笼与算式题配对,体验加法算式题在生活中的运用。

## 活动准备

幼儿剪纸灯笼、5 以内加法算式题。

## 活动过程

一、谈话

在中国的许多节日里,大家都喜欢挂灯笼,红红火火,特别热闹。我们小朋友也剪了许多不一样的红灯笼,把它们串成一串灯笼。今天,我们将这些灯笼和算式题做朋友。

二、认读加法题

1. 认读加法:$1 + 4 = 5,4 + 1 = 5,2 + 3 = 5,3 + 2 = 5$

这些算式题上有什么? 有数字、有符号排列出来的叫算式题。

认读数字:每个数字和符号都有名字的。幼儿认读算式题中的数字。

符号:"＋"名字叫"加号","＝"名字叫"等号"。在算式题中"＋"读"加上","＝"读"等于"。

认读每一道算式题:1 加上 4 等于 5。1、4、5 各表示什么意思?

2. 共同选择一串灯笼,请幼儿找一道算式题,说说算式题的意思。例如"一盏红灯笼加上 4 盏绿灯笼,等于 5 盏灯笼","4 盏小灯笼加上 1 盏大灯笼等于五盏灯笼"等。

三、看灯笼找算式题

1. 我们剪了许多灯笼,每一串是几盏灯笼? 找找它们有什么不一样?
2. 能不能用这些加法算式题和灯笼做朋友?
3. 幼儿操作:观察各串灯笼,分辨它们不同的特征。寻找可以匹配的算式题,对应地挂在一串串灯笼下面,说说自己所表示的意思。

四、认读交流:

1. 认读每一串灯笼下面的算式题。
2. 找一找一串灯笼下不同的算式题,说说它们不同的意思。
3. 找一找两串灯笼下相同的算式题,说说它们不同的意思。
4. 寻找不同灯笼下挂着的相同算式题,体会相同算式题可以表示不同的意思。例如:$3 + 2 = 5$ 既可表示 3 盏大灯笼加上 2 盏小灯笼,也可表示 3 盏圆灯笼加上 2 盏方灯笼等。

## 延伸

生活中的算式题。

思考:$3 + 2 = 5$ 还可以表示我们生活中的哪些事情?

算式题的用处很大,能帮我们许多忙,我们平时可以用它做什么事呢?

# 37. 小鸡的生日

## 活动目标

1. 联系生活经验,初步尝试运用观察、推理等方法,准确判断物体的数量。
2. 通过看看说说做做,体验不同数数方法为生活带来的方便。

## 活动准备

1. 多媒体课件:小鸡的生日。
2. 操作材料:与画面绿豆糕数量相等的积木。
3. 模拟超市:摆放与购物单匹配的商品图。

## 活动过程

一、故事导入

1. 今天是小鸡的生日,我们为小鸡送上最热烈的祝福吧。小鸡,祝你生日快乐!

2. 图一:小鸡要过生日了,他想邀请好朋友们来参加他的生日聚会,小鸡对妈妈说出了自己的愿望,妈妈很高兴地答应了,妈妈说:"邀请客人需要准备一些好吃的食品。我已经为你准备好一张购物单了!"

二、解读图片

1. 图二:观察妈妈的购物单:妈妈为小鸡准备了哪些好吃的食品?需要多少呢?发现要买的东西还真不少呢,而且每个数量都不一样,小鸡揣着购物单来到了超市。

2. 图三:小鸡买到东西了吗?他怎么了?他看到超市里有那么多东西,他开始头晕眼花了,晕头转向,不知道如何下手了,这该怎么办?我们能为他做些什么呢?(鼓励幼儿与小鸡进行互动,产生帮助他的意愿)

三、购买食物

1. 要求:

(1)东西很多,两个朋友一起去买。

(2)看清购物单需要买什么?买多少?数量不要搞错哦!

2. 幼儿结伴,共同选择一张购物单,到模拟超市里购买对应的物品。

四、分享交流

小鸡买好东西了吗?一起来看看买对了吗,是不是和购物单上一样?

1. 数棒棒糖——怎样数围成一圈的棒棒糖?

数围起来的东西时,要记住从哪里开始,数过不要再数。现在我们本领更大了,也可以两个两个数,当然也要记住从哪里开始数的。这样数起来还会更快。

2. 数香蕉——找到正好是9根的香蕉了吗?

交流:找不到正好9根一串的,要学会用巧妙方法,看看两串行不行,可以把两串合起来,用加法的办法也能数出来,而且数起来很快。

3. 数鸡蛋——哪一盒鸡蛋是你们需要的鸡蛋呢?(看包装纸上的数量)

交流:原来超市里盒装的鸡蛋包装得很好,一排一排整整齐齐有规律地摆放,一个挨着一个,下面一排是几个,上面也同样会有几个。一排一排数,就能很快推算出商标下面看不到的鸡蛋数量。(多媒体课件加以验证)

4. 数绿豆糕——叠起来的绿豆糕。

教师现场演示,共同边看边讨论,再用多媒体课件加以证实:叠起来的东西看起来有些困难,要想一个不落数清楚,我们要一层层数清楚,别忘记被遮住的绿豆糕也要数进去,这样才能数正确。

5. 数牛奶——牛奶已经包装好,不能拆开。

交流:在包装盒外面就有数字表示数量,我们不必打开包装一个个数就能直接知道到底有多少了,是不是很方便啊?

6. 数巧克力。

交流:很多巧克力的包装盒外面都有表示数量或重量等数字。

五、迎接客人

1. 图五:现在小鸡推着满满一车好吃的食品心情怎样?小鸡真高兴好吃的食品都购买到了,这都靠大家的帮助,真是感谢大家,他可以回家招待客人啦!

2. 图六:门铃响了,从猫眼里看看,猜猜会是谁?一共来了几位?

(1)图七:看到4只鸡腿,来了几只小鸡?看到6个鸭蹼,来了几只小鸭?说对啦,快开门,"朋友快进来"。

(2)图七:看见长颈鹿、斑马、鸵鸟的局部,猜猜谁又来了,来了几位?

说对啦,快开门,"朋友快进来"。说说用什么办法猜出来。

六、庆祝生日

1. 图八:朋友们一起为小鸡庆祝生日——大家都把礼物送给了小鸡,小鸡也用刚才大家帮忙购买的食物热情地款待他们,热闹的生日聚会马上要开始了。小鸡说:"还有朋友呢!"会是谁呢?

2. 图九:原来是鸡妈妈。生日的时候怎么能忘记妈妈呢,她可是小鸡最亲爱的朋友了!当然还有帮助他的小朋友,快点一起来参加聚会吧!

# 38. 旅游商品店

## 活动目标

1. 感知旅游商品的多样性,了解我国各地物产的丰富。
2. 运用层级分类的方法,尝试布置旅游商品的货架,解决游戏中的问题。

## 活动准备

1. 幼儿自带各旅游景点的纪念品、商品等。
2. 用于开设旅游商品店的货架三个。
3. 用于分类的货品贴片若干,用于分类的记录纸、磁性板三块。

## 活动过程

一、说说我们的旅游商品
1. 介绍各自带来的旅游商品,说说它们的名称和产地。
2. 谈论这些产品的功用,了解我国各地的丰富物产。

二、观察、讨论怎样摆放商品
1. 思考:我们只有三个货架,怎样分别摆放商品?
2. 按已有经验说说各自的方法。
3. 选择一堆物品,按幼儿设想的分类方法摆放。发现多种分类摆放的方法。
4. 共同商议确定本次分类摆放的一种方法。
5. 根据商品的特征做分类的标记。

三、布置柜台
1. 按标记将商品送入柜台。
2. 思考:每个柜台上的物品还是很多,能不能再分一分,使摆放的物品更容易看清。
3. 幼儿分成三组,分别观察讨论进一步分类摆放的方法,分类后尝试用一种标记加以标示。
4. 尝试再分得更清楚的办法,并继续用另一种标记表示。

四、交流
1. 观察三个货架的标记和货物,说一说他们是怎样分别摆放货物的,看不明白的地方请该组幼儿作解释(例如:食品柜台,先分成罐头食品和非罐头食品,又分成大和小。又如:观赏物品柜台,先分成给大人观赏的和给小孩观赏的,又分成容易打碎和不容易打碎的,再分成彩色的和单色的等)。
2. 尝试购物:
(1)各组分别选一位小朋友当售货员。
(2)请三位幼儿当顾客购物。
(3)规则:不能选购同组柜台里的物品。

3. 说说哪一组能最快地拿出顾客想要的商品,体会层级分类给我们带来的方便(货物分了又分,又整齐又方便,顾客来购物一下就能找到)。

五、活动延伸

尝试在角色游戏中运用层级分类的方法布置旅游商品柜台,丰富"开商店"的游戏。

# 39. 金老爷买钟

## 活动目标

1. 进一步识别时钟上的整点、半点和分钟,感知时钟与时间变化的关系。
2. 开展有关时间的探索,初步发现时间的流逝性。

## 活动准备

金老爷家的四层楼房剖面、自制大钟面一个、金老爷家的四个钟、幼儿人手一个小钟。

## 活动过程

一、讨论对时钟的认识,关注故事中所出现的问题

1. 讨论时钟的用处,为什么许多人家里都有时钟。
2. 观察认识金老爷和他家的钟。带着问题听故事:金老爷家里有没有钟,在哪里? 他家有钟为什么还要去买钟呢? 究竟是金老爷家的钟有问题,还是金老爷有问题?

二、交流各自的看法

1. 听教师介绍"金老爷买钟"的故事。关注教师根据故事情节拨动钟面所发生的变化。
2. 故事中强调以下内容,供幼儿思考(不展开讨论)。

第一段:究竟是阁楼上的钟快还是卧室里的钟慢。

第二段:强调金老爷对钟时,不断与第一时间看到的钟面作比较。

第三段:为什么屋子里没有两个钟的时间是相同的。

第四段:跟着钟表师傅一起对钟时,一次又一次地发现钟表师傅的表与金老爷家每一个钟的时间完全一致。

3. 听完故事后讨论"究竟是金老爷家的钟有问题,还是金老爷有问题",说出各自的理由。

三、拨动小钟找答案

1. 每人一个小钟,跟着金老爷买钟的故事情节,一起拨动小钟找答案。
2. 观察指针行走的方向,懂得钟表倒拨易损坏,况且把钟表倒拨,时间还是只能前进不能倒退。
3. 引导幼儿通过拨动小钟思考以下问题。

问题一:金老爷来到阁楼上时,下面卧室里看不见的钟是几点?

问题二:金老爷跑到卧室时,餐厅里的钟是几点? 下楼的时候钟在向前进还是停止不动或向后退?

问题三:卧室里的钟是 4 点 26 分时,其他的钟分别是几点几分?

问题四:金老爷买好表回到家正好是 6 点,他家会不会有一个钟不是 6 点?

四、进一步体会时间的流逝性

1. 联系故事提出问题:是不是每次上楼、下楼用的时间都一样?
2. 运用生活实例,引导幼儿进一步思考。

## 附实例

### 实 例 一

汶川大地震中,青川中学的一楼学生用了半分钟到达操场,二楼学生用了一分钟到达操场,三楼学生用了一分半钟到达操场,两分钟以后,地震发生了,他们终于全部脱险。两位教师为了让学生脱险,没能及时逃离,献出了自己的生命。

思考:楼上和楼下学生撤离时分别用了多少时间,撤离过程中时间是否在不断向前;两位教师知不知道时间在不断向前走,当危险越来越近,他们为什么不逃离现场。

### 实 例 二

早晨,幼儿园的小朋友都在做游戏,9点开始做早操。一楼有两个班级,一个班在搭积木,另一个班在看图书,结果看图书的班级准时到达操场,搭积木的班级却迟到了,为什么?怎样才能不迟到?(因为整理积木比整理图书需要花的时间多,提前整理积木就不会迟到了)

二楼也有两个班级,一个班在搭积木,另一个班在看图书。他们同时下楼,结果,搭积木的班级准时到达,看图书的班级迟到了,为什么?怎样才能做到准时?(两个班级下楼速度的快慢不同,排好整齐的队伍快速下楼,就能准时到达了)

# 40. 倒计时

## 活动目标

1. 了解倒计时的含义,对计算倒计时的方法产生兴趣。
2. 体会倒计时给我们生活带来的方便。

## 活动准备

相关图片若干、月历、笔。

## 活动过程

一、模拟看红绿灯过马路

1. 导入:前几天老师在马路上拍了两张照片,这两张照片哪里不一样?

思考:人行红绿灯跳动的数字不一样和我们过马路有关系吗?

2. 模拟过马路(两名幼儿先后模拟过马路,其余幼儿倒着数)。

3. 说说各自的发现:这里的数字是倒数的,数字越来越小,时间越来越短……

体会绿灯上的数字告诉我们,时间越长过马路越安全,时间越短,过马路越危险。有了倒计时,我们过马路就更加方便、安全了。

4. 绿灯上的数字是怎么变化的?(了解用倒着数的方法发现数字是由大到小表示时间由多到少的变化)

二、寻找生活中的倒计时

1. 说说生活中的倒计时现象。

2. 教师依次出示照片,了解在我们的生活中有很多倒计时现象。

3. 进一步发现在使用倒计时时,有的倒计时用"秒"(奥运会开幕式、火箭发射等),有的倒计时用"分"(电扇、微波炉、电热毯),有的倒计时用"天"(世博会)。

三、尝试计算倒计时

1. 激发幼儿计算倒计时的愿望:3 月 20 号,我们要去春游了,让我们一起来做个春游倒计时牌吧。

思考:今天是几月几号?除了要找到今天的日期,还要找到哪个日期?

2. 交流采取计算倒计时的方法,如:顺着数;两个两个数;倒着数;春游的那天不算进去等。

3. 发现有了春游倒计时,让我们很清楚地知道今天离春游还有 11 天,可以在这一段时间里为春游做准备。

## 延伸

1. 为最近的节日做倒计时牌。
2. 为离园做倒计时牌。

# 41. 猜左手、猜右手

## 活动目标

能正确区分左手和右手,提高幼儿细致观察和辨别的能力。

## 活动准备

各种手势的图片,大纸盒,红、蓝圈若干。

## 活动过程

一、找找自己身上的左右

如左手、右手,左耳朵、右耳朵,左眼睛、右眼睛等。

二、看手势图,猜左右手

1. 出示各种手势的图片。

玩法:当教师点出一张图时,辨析这个手势用的是左手还是右手。如果觉得是左手,就站到你左边的线后,如果觉得是右手,就站到你右边的线后,并做出与图片一样的手势。

规则:

(1)必须在规定时间内作出判断,当教师数 54321,数到 1 的时候,幼儿必须站到线后,并且不能再改动,否则就算输,回到自己的座位上。

(2)幼儿猜对后,可以在手臂上套上一个圈。如果猜对的是右手做出的手势,就在右手上戴红圈;如果猜对的是左手做出的手势,就在左手上戴蓝圈。

2. 游戏结束比比谁得到的圈最多,谁为赢家。

三、两人游戏“猜左手、猜右手”

1. 介绍游戏玩法、游戏规则。

游戏玩法:两个人分别站在盒子的两边,面向有洞的一面,两个人轮流游戏。先玩者从盒子顶部的篮子里取出一张卡片,根据卡片上的选择左手或右手,并从盒子的洞洞处伸出手让对方猜。

游戏规则:如果猜对了,就把卡片送给对方,猜对的人就可以把卡片放到自己右边的篮子里,如果猜错了,就把卡片放回顶部的篮子中。然后交换,最终比比谁获得的卡片多。

2. 幼儿两个两个合作玩游戏,教师巡视,个别指导。

3. 交流各自猜出的方法,并进行演示。

# 42. 民间游戏大家玩

## 活动一: 中国民间游戏小·统计

■ **活动目标**

1. 学习运用投票统计和排序的方法确定介绍游戏的先后次序。
2. 了解中国丰富多彩的民间游戏,感受玩民间游戏的快乐。

■ **活动准备**

记录纸、投票用的星星和统计表。

■ **活动过程**

一、交流自己喜欢的民间游戏

1. 谈论最近我们都在玩哪些民间游戏。
2. 说说自己最喜欢的游戏,以及喜欢的理由。
3. 了解这些游戏都是我们中国的民间游戏。(幼儿如数家珍般地说出了自己熟悉的民间游戏,发现竟有 10 个,顿时兴奋起来,有的说:"哇! 做个中国人真开心。"有的说:"外国人可要羡慕我们了。")

二、讨论评选最喜欢的民间游戏的方法

1. 了解邻班小朋友也想玩这些有趣的游戏,希望我们能去介绍。
2. 讨论(1):如果把 10 个游戏全部都作介绍,他们一下子记不住学不会怎么办? 经过讨论,最后一致同意分批介绍。
3. 讨论(2):如何评出我们大家最喜欢的两个游戏?(此时幼儿各抒己见,共同讨论是否可行。例如:有的幼儿提出用站队的方法,但因一个人不能同时站两个队伍被否定,最后商定用投票的方法。)

三、讨论与尝试投票

1. 共同商定一种简单、清楚、快速的符号做标记。
2. 决定投票的方法。(一起为每一个游戏设定简单的符号,几位幼儿自告奋勇地很快就画好这些标志贴在展示板上,然后每人拿两个星星粘贴纸当选票,认真挑选两个自己最喜欢的游戏,将星星撕下并粘贴在该游戏的符号下面。)

四、统计

1. 分组统计每个游戏下面星星的数量,并决定先介绍的两个游戏的名称。
2. 将各组统计的结果汇总,介绍各自统计的方法和结论。
3. 观察比较哪种方法又快又准确,说出各自的理由。
(结果幼儿选出的第一、二个游戏完全相同,但是统计方法各有不同。例如:有的小组用目测估计的方法,有的小组用两个两个地反复比较多少的方法,有的用排除数量少的方法,也有的

将所有的游戏都按星星的多少从多到少地排队等。)

### 延伸

按幼儿的结论依次向邻班介绍游戏。

# 活动二：民间游戏大全

### 活动要求

1. 满足幼儿学民间游戏的情感,为有目的地自选游戏创造条件。
2. 尝试比较民间游戏过程的诸多差异,进行分类。

### 活动准备

各种民间游戏的图片、记号笔、记录纸。

### 活动过程

一、观察记忆

1. 观察贴有 17 个民间游戏图片的展示板,回忆我们玩过的民间游戏。

2. 观察几分钟,努力记住所有的游戏,然后盖住游戏展示板,尝试回忆板上的民间游戏的名称。

(最初许多幼儿都认为自己能记住全部的游戏名称,纷纷跃跃欲试,结果记忆最少的是 7 个,最多的一位幼儿也只能记住 11 个游戏。发现随意记背总是会遗漏。)

二、讨论游戏的分类方法

1. 围绕着记住游戏的话题,讨论按什么标准来进行分类。

2. 确定数个共同认可的分类维度,幼儿分成数组,按确定的某一维度制作标记,按此分类标准,将所有的游戏分成两部分。

(由于民间游戏没有可以直接观察的外部特征,所以一开始提出如何确定标准时,幼儿似乎无从着手。教师就选了两个民间游戏:老鹰捉小鸡、弹弓,来作比较,一下子打开了幼儿的思路,有的说可用人数多少来区分,有的说可按是否需要玩具来区分等,最后经过大家讨论,分成了"人数多少"、"是否需要玩具"、"安静与热闹"和"有无竞赛"等四个标准。)

三、共同制作民间游戏目录表

1. 每组幼儿按照一种特征对民间游戏进行分类。

2. 介绍统计不同分类方法的结果。

3. 尝试使用目录表。

(当各组幼儿将自己的展示表放在一起时,幼儿发现他们区分的游戏结果大不相同,于是,教师又提出春游外出没有带玩具的情境,请大家选可以两人安静玩的游戏,大家从有没有玩具一栏中对照其他三个标记逐一筛选,一下就找出了锁银锁、猜中指、剪刀石头布等数个游戏。)

# 43. 背太阳

■ 活动目标

1. 初步尝试运用重叠的方法安排画面。
2. 在表现大家来背太阳的画面中体会人多力量大。

■ 活动准备

1. 欣赏作品一幅。
2. 刮蜡纸、竹签笔。

■ 活动过程

一、再现经验

太阳有几个?(幼:太阳只有一个)是啊!太阳只有一个,每天清晨,太阳第一个起身工作,把阳光撒向大地,给大家带来光明。傍晚,人们开始下班回家,太阳到哪里去了?(幼:太阳到后面去了、太阳在海里洗澡、太阳到别的国家去……)太阳翻过山头,洗了一个澡,又去照亮地球的另一边,就这样,太阳总是不停地工作,从不休息。

太阳实在太辛苦了,地球上的朋友们商量怎样才能让他工作得轻松一点。房子说:"我来背太阳吧!"可是,太阳这么大,一幢房子怎么能背得动呢?于是,两幢、三幢、四幢房子一起来背太阳。

二、观察讨论

讨论一:咦!怎么有一幢房子只造了一半就来了?(幼:它被前面的房子挡住了)第四幢房子是怎么挤进去的呢?(教师沿着第四幢房子的轮廓描画,与幼儿共同讨论:看见边就停、看不见当看见跳过去、又看见了接下去)四幢房子一起来背太阳,还是背不动,第五、六幢房子也来背太阳,这两幢房子站在哪里?能不能也挤进去和前面的房子拉起手来?(由两位幼儿参与添画,其中一位没有表现重叠,把房子画得非常小)为什么有一幢房子很小呢?(幼:没有挤进去;看见边就要跳,千万不要让过去)还有两道缝,说不定太阳会从缝里滑下去,第七、八幢房子快快挤进去吧!(教师添最后两幢有重叠的房子)图示:

讨论二:一轮光芒四射的太阳终于背起来了(教师出示一幅用刮蜡表现太阳、用线描表现房子的画面)!画上面的太阳怎么会这样美丽,用的什么方法?(幼:这是刮蜡的方法;下面的颜色淡,上面的颜色深;下面可以变颜色,上面也可以变颜色;还可以刮出许多花纹)

讨论三:房子背着太阳走了一整天,被大树看见了,大树说:"第二天让我们来背吧!"几棵大树能背得动太阳呢?(幼:九棵大树;一百棵大树;千千万万棵大树)许多大树像房子一样手拉手又背起太阳走了一天。这个消息传向四面八方,谁也会来争取背太阳呢?(幼:大山、帆船、家具、汽车、云朵……)小花和小草也想来参加背太阳的队伍,大家说:"你们太小了,这么重的工作还是别做了吧!"小花小草齐声说:"我们虽然小,同心协力力量不就大了吗? 一年有三百六十五天,需要许许多多朋友一起来努力呀! 小朋友,你们愿不愿意也来参加呢? 让我们都来做一位背太阳的朋友吧!"

三、幼儿想象作画,教师按幼儿创作的内容介绍

1. 作画开始部分:大山也来背太阳,一座山峰、两座山峰……他们下决心一定要把太阳背起来。三架飞机来背太阳背不动,更多的飞机从四面八方赶来……房子又想来背太阳,大家说:"你辛苦了,请休息一下,让我们也尽一份力吧!"是不是换一个像房子的朋友来接班呢? 哦! 玻璃瓶来了,大铅笔也来了……

2. 幼儿显示作品的图像部分:房子背着太阳走了一天,大树背着太阳走了一天,第三天谁来接班呢?(幼:小鸟来接班)小鸟们伸开翅膀,背着太阳又走了一天,第四天是谁来背太阳的呢?(幼:小石子来背太阳)小石子虽然力气小,同心协力力量大,也把太阳背了起来,小石子背太阳的消息会给谁知道呢?(幼:家具来了)第五天是家具、第六天是帆船,看一看第七天是谁? ……地球上的小朋友也一个接一个地来背太阳,全世界的朋友们都参加了背太阳的队伍……

3. 涂色部分:太阳非常感谢大家,他把七彩缤纷的光芒洒向大地,使地球变得更美丽。(用竹签笔将太阳内的黑色全部刮掉,显出五彩缤纷的颜色。)

四、交流

小组合作,一起来讲一讲自编的背太阳故事。

# 44. 老鼠嫁女儿

## 活动目标

1. 联系生活经验了解民间故事"老鼠嫁女"的内容,培养对民间歌谣的兴趣。
2. 关注表现人物动态的作画步骤,探索排列老鼠嫁女儿的热闹场面。

## 活动准备

1. 粉红色纸、红色水笔和蜡笔。
2. "老鼠嫁女儿"蜡染布艺,剪纸教具。

## 活动过程

一、谈鼠年,念歌谣

1. 认读故事名称"老鼠嫁女儿"。

2. 背诵民间歌谣。

二、欣赏蜡染布艺,商讨作画步骤

1. 观赏画面:老鼠怎样办喜事,谈论民间结婚的习俗,送新娘的时候都在忙什么,例如:抬花轿、敲锣打鼓、吹喇叭、提灯笼、搬嫁妆,等等。

2. 排在最后的小老鼠拉着妈妈的手,也要参加送新娘的队伍,妈妈说:"好啊,让我们也来准备礼物。"

3. 观察老鼠们手中的物品。思考:画老鼠的时候,手上拿不住东西,可要碰到大麻烦了,怎么办? 该先画什么后画什么呢?

4. 由幼儿说出方法,教师利用剪纸教具摆放,体会作画前思考步骤的重要。

三、绘画表现

1. 按各自对民间习俗的了解,想象小老鼠手持什么去参加送新娘的队伍,这件物品有什么作用?

2. 按自己的意愿画一个手持物品的老鼠,在局部涂色后剪下。

3. 将剪下的老鼠一个接一个地排列在蜡染画布的后面。

4. 队伍排不下怎么办? 怎样才能排得下,横排、直排、斜排、弯弯曲曲排……想一想,哪种方法送新娘的老鼠最多,队伍最长?

5. 先画好的幼儿可以继续作画,不断添加。

四、分享交流

1. 敲锣打鼓真热闹,大小老鼠都来送新娘,嫁女的队伍长又长。

2. 一起数一数,有多少老鼠参加了送新娘的队伍?

3. 谈谈说说它们在做什么,思考:能不能让送新娘的队伍更长?

## 延伸

1. 继续延长老鼠嫁女的队伍。

2. 提供红绸带、锣鼓和喇叭,两根纸棍和红手帕,玩老鼠嫁女的游戏。

# 45. 小房子的新家

## 活动目标

1. 不断尝试在已有画面上运用各种构图方法想象、创造，体验共同努力的快乐。
2. 关注越来越美好的城市生活，萌发爱家乡的情感。

## 活动准备

1. 上海若干老房子图片。
2. 色卡纸（在每张纸不同的方位上贴有一幢老房子）、记号笔、背景展示板等。

## 活动过程

一、交流讨论

1. 联系听过的故事"小房子"，谈论又美丽又坚固的小房子是否一定要离开城市。
2. 观赏照片，说说身边的老房子在哪里，人们怎样爱护它们。

二、思考尝试

1. 观赏画面上的一幢小房子，并思考以下问题：
（1）怎样在屋前或屋后保留一个花园？
（2）怎样在小房子周围建造四通八达的路？
2. 谈论花园和道路在画面上的位置，共同关注画面的布局。

三、操作表现

1. 每一张画纸代表一座小房子所在的地方，幼儿来当上海好市民，为小房子寻找新朋友，一天又一天地接着干，使小房子周围越变越美。
（1）从为小房子绿化和开辟道路入手，把握画面布局。
（2）幼儿围成圆圈，采取每三分钟传递一次画纸的方式不断在同伴的画面上添画。
（3）围绕小房子和道路逐步增加画面内容，思考用各种方式表示人们对小房子的关注（如，插上文物保护标志，将车站设在离小房子较远的地方，不让大楼挡住阳光等）。
2. 播放背景音乐《你和我》，音乐暂停表示一天工作结束（约两三分钟），接着幼儿换图画纸，音乐重新开始，依此类推。
3. 每一次轮换画纸时，教师和幼儿共同关注进入第几天工作。
4. 教师在幼儿创作时不断用情景性语言激励幼儿：小房子惊喜地看见周围又有了哪些变化，它又有了什么朋友，以引导幼儿思考如何运用重叠、弯曲、倾斜、大小对比等方法使画面越来越丰富。

四、分享体验

1. 幼儿按照图画纸上的编号依次排列作品。
2. 幼儿欣赏同伴共同完成的作品，发现小房子周围完全变了样，意识到每幅画里都包含着很多人的努力。

3. 将世博会主题词"城市，让生活更美好"贴在排列后的作品上方，构成完整画卷。小房子们非常高兴，它们再也不想搬到别的地方去了。

### 延伸

进一步寻找上海的珍贵建筑：它们在哪里？现在它们有没有变化？周边的环境怎样？

# 46. 变　脸

## 活动目标

1. 有兴趣地迁移已有图像,夸张地表现面具的五官与颜色。
2. 小组协商有目的地表现面具颜色,体验小组合作游戏的快乐。

## 活动准备

自制面具(眼睛和鼻子处挖洞)、炫彩棒、勾线笔、川剧表演视频、教师表演用的可多次变脸的面具、欣赏用的面具。

## 活动过程

一、欣赏川剧"变脸"

1. 幼儿欣赏视频。
2. 欣赏后谈论:这位演员在表演什么节目? 他是怎么表演的?
3. 欣赏第二遍:了解这位演员表演的节目叫"变脸"。说说他变出什么颜色的脸?(红、蓝、黄、黑、白)在那么短的时间里一共变了几次脸?

二、欣赏、学习创作面具

1. 欣赏小朋友做的面具,区分面具的不同颜色。从不同角度提问:

(1) 这是什么脸? 为什么说它是红脸?

(2) 现在看到的是什么脸? 你能说出这些不同蓝色的名字吗?

(3) 黄脸上全是黄色吗?

(4) 这些面具做得真不错,可是面具上的眼睛、鼻子、嘴都没有变。我们把它变一变。

2. 师生共同讨论创作方法:

(1) 要求:我们来想办法把眼睛、鼻子、嘴和额头变一变。

(2) 变眼睛:教师变左眼,幼儿变右眼(引导幼儿发挥想象)。

(3) 变颜色:红脸、蓝脸、黄脸都有了,我们来变个绿脸,绿脸上什么颜色最多?

三、交代游戏规则,幼儿创作表现

1. 了解规则:

(1) 四个人一组,每人完成一张面具。

(2) 一组中的面具颜色要不同。

(3) 在规定的时间里完成面具。

2. 绘画表现:

(1) 先进行五官的想象。用超级变变变的方法变眼睛、鼻子、嘴巴等。

(2) 在五官的轮廓线外用炫彩棒勾边。

(3) 在为面具涂色时,相互协商表现不同颜色的脸,并尝试选用多种接色方法。

四、变脸游戏

1. 四人一组进行变脸游戏。四人一组拿好自己的面具背对观众,听鼓声依次"变脸",每次变脸后同伴迅速说出面具的颜色,如"红脸",每一组中的面具颜色不同即为变脸成功。

2. 分辨面具中的五官变成了什么? 哪些最有趣。

3. 教师用四张面具叠在一起的方法表演一人同时变四次脸,启发幼儿将作品叠加尝试。

## 延伸

变脸游戏可以四人玩,也可以一人玩。

# 47. 美丽的金鱼

## 活动目标

1. 通过欣赏,了解金鱼是我们国家珍贵的观赏动物。
2. 尝试和探索金鱼多样的组合排列,体会画面安排的构图美。

## 活动准备

1. 欣赏作品数张——虚谷、凌虚、马蒂斯等大师作品。配乐音像:鱼儿。
2. 纸剪金鱼数条、纸剪鱼缸数个。

## 活动过程

一、欣赏美丽的金鱼

1. 前几天,我们小朋友放假过了一个很开心的节日,是什么节?国庆节是谁的节日?对呀,我们中国有很多美丽的东西,让全世界的人都喜欢它们,我们来认识一种大家都熟悉的朋友。

2. 欣赏画面。

(1)落花金鱼图。谈论:这是谁呀?你们怎么认出是金鱼的?有几条金鱼,它们有哪些颜色?正在向哪个方向游去?介绍虚谷:了解他是我国古代一位杰出的绘画大师。

(2)凌虚的一组金鱼图。金鱼有很多品种,红色的金鱼就叫红金鱼,黑色的呢?白色的、红白相间的都称作金鱼,这是什么道理?金鱼的金究竟表示什么?了解由于金鱼身上有很多鳞片,会闪闪发亮,金就是金光闪闪的意思,受到人们的青睐,称为金鱼,纷纷饲养。

(3)艺术大师马蒂斯画的金鱼。现在不但在中国,许多外国朋友也喜欢养金鱼。看:法国有名的画家马蒂斯就养了许多金鱼。马蒂斯把金鱼养在哪里呢?是些什么颜色的金鱼?有几条……

这些金鱼美吗?猜猜它们在干什么?(启发幼儿观察每幅画面金鱼不同的动态,发挥想象)

二、尝试安排画面

我们小朋友也很喜欢金鱼,今天我们来玩一个金鱼表演游泳的游戏。金鱼虽然会游泳,但是要游得好看可要动动脑筋喽!教师提供四个纸剪鱼缸和若干纸剪金鱼。

1. 一条红金鱼来表演——由四位幼儿分别将一条红金鱼贴在鱼缸里,思考金鱼游动的方向。

2. 教师和幼儿共同示范一条金鱼在鱼缸中的不同动态。(如:我的金鱼嘴张得大大的,头朝上好像在等主人喂鱼虫呢!你的金鱼在鱼缸里做什么呢?)

3. 两条黑金鱼来表演——由四位幼儿分别将两条黑金鱼贴在鱼缸里,思考两条金鱼怎样讲话(呼应)。

4. 三条橙色金鱼来表演——由四位幼儿分别将三条橙色的金鱼贴在鱼缸里,思考三条金鱼怎样自由自在地游泳(不对称三角形)。

5．鱼缸里只有一条金鱼真没劲，请小朋友让鱼缸里的金鱼宝宝都来做游戏，看看谁的金鱼游得最美？（利用教师提供的纸剪金鱼，四人一组尝试安排两条、三条和四条金鱼的画面）

三、观赏谈论

幼儿分别介绍他们的金鱼，一起猜猜他们的金鱼在干什么？

### 延伸

试着变换金鱼游动的排列方式，体会画面安排的无穷变化。

# 48. 蚂蚁过冬

## 活动目标

1. 学习用轮廓线表现蚂蚁的结构,并通过头和身体的方位变化表现蚂蚁的各种动态。
2. 创造性地想象蚂蚁过冬的有趣情景,培养幼儿对自然现象探究的兴趣。

## 活动准备

1. 幼儿每人一张"蚂蚁的家"、红黑蓝三色粗细笔。
2. 欣赏作品三张:蚂蚁搬花生、蚂蚁宴会、蚁后生宝宝。
3. 展示板背景:蚂蚁过冬。

## 活动过程

一、导入情景

冬天到了,北风呼呼地吹,动物们开始准备过冬了。每种动物都有自己过冬的好办法。今天我们来做地下考察队,一起走到地下去访问小蚂蚁。

二、欣赏讨论

1. 出示背景"蚂蚁过冬"。

小蚂蚁的家在地下的洞里,一个蚂蚁洞有许多洞穴,四通八达,进出非常方便。现在,我们一起走进小蚂蚁的家里去看一看,好吗?

2. 打开一号家。

这是一群工蚁的家,工蚁们在干什么呢?(工蚁们在搬一颗花生)小蚂蚁搬的花生怎么这么大?(因为我们人很大,看上去这颗花生很小,可是小蚂蚁很小,看上去这颗花生很大)这么大一颗花生,工蚁们是怎么搬的呢?(有的用头顶,有的躺在地上用力推,还有的用手拉)你认为哪个工蚁用的力气最大?(用头顶的工蚁)(教师边演示边提问)蚂蚁的身体哪一部分不是用图形来画的?(身体部分是用弯弯曲曲的线来画的)蚂蚁有三对足,第一对足是从头和身体连着的地方长出来的,就像人的手一样;第二对足是从腰间长出来的;第三对足是从身体下面长出来的。腿是笔直的吗?(弯弯的,前腿朝后弯,后腿朝前弯。)大家一起用力气,这群勤劳的工蚁从秋天开始搬食物,除了搬花生还可以搬什么呢?(蛋糕屑、小米粒、玉米粒、小虫子等)现在家里的食物堆得满满的,足够蚂蚁们吃上一个冬天了!

3. 打开二号家。

这是一群兵蚁的家,兵蚁们正在举行宴会,它们是怎样开宴会的呢?(它们坐在桌子边,有的蚂蚁举起酒杯,有的在喝酒)坐着的蚂蚁和站着的有什么不一样呢?(坐着的蚂蚁第二段身体应该弯弯的,站着的是平平的)(演示头和第一段身体)画第二段身体老师也觉得有点难,该怎么画小蚂蚁才会坐下呢?(幼儿:该把身体横过来画)兵蚁的家里真热闹。

4. 打开三号洞穴。

蚁后生小宝宝了,蚂蚁家族又添了许多新成员,蚂蚁刚出生,蚁后正在照顾小宝宝呢!蚁后

怎么只有头没有身体呢?(身体被小摇车遮住了)先画小摇车还是先画身体呢?(先画小摇车再画蚁后身体)找一找这张画上还有哪些地方先画哪些地方后画呢?(小摇车先画窗帘后画;小被子先画蚂蚁宝宝后画;车轮先画小摇车后画……)

　　三、引导创作

　　1. 今天,老师请每一位小朋友到新的蚂蚁洞里去看,看蚂蚁们在地下怎么过一个热热闹闹、开开心心的元旦!

　　2. 指导要点:

　　(1)及时发现幼儿作品中有趣的情节,引导幼儿欣赏并相互启发。(这是什么蚂蚁? 它们在干什么? 它们还会做什么事呢?)

　　(2)引导幼儿运用重叠的方法使画面丰满。(出示幼儿作品:这张画上什么地方先画什么地方后画? 你能用什么方法画后面的东西呢?)

　　(3)通过粗笔细笔的交替使用,使幼儿作品产生"黑"、"白"、"灰"的效果(粗笔累了,请细笔来帮忙;有的地方涂上颜色会更漂亮)。

　　四、引导评价

　　1. 将幼儿作品反过来贴于展示板上。天黑了,小蚂蚁们都该休息了。我们再来做地下探险科学家,一起来整理探险的资料,看看说说小蚂蚁们是怎么样热热闹闹、开开心心地过节的。

　　2. 从作品上分辨这是什么蚂蚁,在做什么,分辨有趣的情节。

# 49. 运动健儿人人夸

## 活动目标

1. 初步了解炫彩棒的性能,运用运动的线条表现人物的各种动态。
2. 为中国运动员的优异成绩感到自豪,并乐意学习他们勤学苦练的品质。

## 活动准备

奥运会项目图标、图画纸、炫彩棒、纸巾。

## 活动过程

一、经验再现

1. 说说自己知道的运动项目的名称。
2. 说说有哪些运动员或哪些运动项目获得好成绩。

二、观察尝试

1. 观赏运动图标,从众多运动图标中找出喜欢看或最想学的项目,了解这些图标都表示了该运动的标志性动作。
2. 共同关注不同的身体动态——身体的方向、四肢倾斜或弯曲的方向等。
3. 谈论这些动作区别于其他运动项目最突出的特点:

(1)篮球或足球:这个动作和其他运动项目的动作有什么不同? 或和一般人的动作比有什么两样?

(2)自由体操或花样滑冰:这个动作最大的难度在哪里,是腰、腿,还是手? 或最高难度的地方在哪里?

(3)羽毛球和网球:这是两个动作很相似的运动项目,说说它们动作最大的区别。

4. 尝试使用炫彩棒:

(1)观察画纸上的运动员——运动员已进入运动场馆。

(2)了解炫彩棒的性能:来了一位画图的新朋友——炫彩棒,也想挑战一下自己,画个了不起的运动员。

(3)共同选择一个图标,在"勤学苦练"的情境中师生合作尝试勾画:像溜冰一样在纸上滑啊滑,坚持训练,身体越来越健壮。

(4)由教师演示勾画后晕染:每一个动作都要练上千万遍,要不怕苦、不怕累、不怕难(发动幼儿共同提示:不怕疼、不怕饿、不怕脏、不怕摔跤等),擦干汗水再继续练习,终于成功!

三、操作表现

大家和炫彩棒一起挑战,都到奥运场馆来显身手!

放——将手掌安放在画面上,表示进入奥运村第一个场馆。

想——选择喜欢的运动项目,关注它们不同于别的运动项目的动作(腰背怎样弯曲,手和腿的姿势怎样)。

画——像溜冰一样找一找滑的感觉,不停地滑来滑去,对照图标,分辨哪里是平平的,哪里是斜斜的,哪里是弯弯的,先勾画轮廓,再加粗线条使运动员变得强壮。

晕——每一次练习都很刻苦,不怕苦、不畏难,一步一步走向成功,终于获得好成绩,大放光芒。

四、背景装饰

1.鸟巢上空升起了各种美丽的烟花,共同庆祝各国运动员的胜利……

2.教师提供有烟花背景的范例供幼儿参考。

五、观赏与交流

1.作品展示——请奥运冠军走上领奖台。

2.一起来学一学运动员的动作。

# 50. 鸟　窝

## ▰ 活动目标

1. 在尝试运用粗细不同的笔作画中初步培养线描的兴趣。
2. 通过模拟制作鸟窝,学习认真仔细地做好工作。

## ▰ 活动准备

1. 白纸、两支粗细不同的勾线笔。
2. 范例:幼儿作品《鸟窝》一张。

## ▰ 活动过程:

一、导入情景

鸟妈妈生了三个蛋,鸟爸爸和鸟妈妈决定在身边的一棵树上一起为将要出世的宝宝做一个更棒的鸟窝。

二、边观察演示边议论

1. 鸟妈妈给鸟窝铺上什么?(幼:是细细软软的干草)
2. 鸟爸爸衔来一粒又一粒碎泥,全铺在干草下面。(幼:好让鸟蛋睡得更舒服)
3. 他们担心风吹来,会把干草吹走,把泥粒吹散,就用自己的唾液调和成湿的泥土把鸟窝糊起来,又在围墙的四周插满了许许多多小树枝。(幼:可以隐蔽起来不给坏人发现)
4. 这样的鸟窝放在哪儿好呢?鸟妈妈说:"放在树枝上吧!"鸟爸爸说:"不行!不行!"(幼:树枝太细,说不定摇晃起来,会打碎鸟蛋的。)鸟爸爸说:"还是放在树干上吧!"鸟妈妈又说:"不行不行!"(幼:树干太滑,鸟窝会滑下去的。)
5. 他们绕着大树转了一圈,最后决定把鸟窝造在树叉上。大树妈妈说:"欢迎!欢迎!住在我家你们就放心吧!"她伸出自己的手臂紧紧抱住鸟窝,还让叶子们为鸟窝遮挡风雨。

三、模拟鸟爸爸和鸟妈妈造鸟窝

1. 思考造鸟窝所需的材料,确定作画步骤。
2. 和老师演示的鸟窝作比较,试着比老师造得更坚固。
3. 试着按需要用不同粗细的笔作画。
4. 教师对幼儿作画过程中的坚持和耐心及时给予鼓励。

四、交流比较

和老师画的鸟窝比一比,说说各自的感觉。(幼:我们造的鸟窝干草多、泥粒多、枯树枝也多,老师造的鸟窝比我们大,样子也很好看!师:谢谢大家给我的鼓励,刚才我花的时间不够,所以一看就觉得太马虎,我会认真仔细地画好这个鸟窝来和大家的鸟窝布置在一起。)

# 51. 叶子小屋

## 活动目标

1. 尝试参照自己的观察记录,有顺序地选用多种工具材料进行艺术表现。
2. 乐于为小虫搭建美丽的叶子小屋,进一步萌发热爱自然、关爱生物的情感。

## 活动准备

1. 幼儿平时搜集的观察记录。
2. 供幼儿选择使用的各种绘画工具材料。例如:黑色卡纸、吹塑纸、银笔、白蜡笔、油画棒、水粉色、树叶、小刮刀等。
3. 教师布置一个藏有各种小虫的半立体画面,故事人物小馨站立其中。

## 活动过程

1. 再现故事情境:
(1) 按照故事叙述的顺序,在半立体画面中寻找小馨的"虫子朋友们"。
(2) 对照观察记录比较它们不同的特征。
(3) 谈论下雨的时候还有哪些小虫也需要避雨。
2. 观察比较:
(1) 观察各种工具材料。
(2) 谈论各自准备为小虫建造叶子小屋的方法:使用哪些材料,先用什么再用什么等。
(3) 对某些方法或步骤提出意见或建议。
3. 操作表现:
(1) 按自己的需要选定工具材料。
(2) 确定为哪种小虫搭小屋,对照观察日记,画出它们的特征。
(3) 按自己的想象把叶子小屋搭建得舒适又美丽。
4. 观赏交流。观赏同伴的创意,从中获得灵感,继续完善自己的作品。

## 延伸

共同商议将叶子小屋布置成昆虫的美丽家园。

# 52. 欢迎你来游浦东

## 活动目标

1. 联系生活经验,按自己的愿望表现游浦东的情景,萌发爱浦东、爱家乡的情感。
2. 尝试运用重叠的方法表现人物和背景的前后位置。

## 活动准备

1. 幼儿假日出游记录表。
2. 彩色水笔、浦东风景的照片或图片、实物投影仪一台。

## 活动过程

一、谈话导入

国庆长假里,浦东迎来了许许多多来自四面八方的游客。小朋友有没有和爸爸妈妈一起出去逛逛,都到哪里去玩了?

二、交流讨论

1. 观察一位小朋友准备出游的记录表,边观看边讨论:这位朋友准备去哪里? 他是怎么使我们看明白的(他在哪里,身后有什么标志性风景)?

2. 比较数张幼儿记录表,讨论:

(1) 人物位置——全身或半身,站在中间或边上。

(2) 分辨人与景的前后位置,讨论怎样表现重叠(被人物遮挡住的部位可以省略)。

三、引导创作

挑选一个自己最喜欢的地方,画出来向大家介绍,欢迎大家和我们一起再来逛一逛浦东。

四、幼儿创作表现

1. 确定人物在画面上的位置,表现优美的姿势。

2. 判别表现景物时的作画步骤,注意表现重叠处的画面安排。

3. 教师及时介绍幼儿作品中的精彩处(如:人物姿势优美、景物突出等)。

五、交流评价

1. 按参观地点进行归并,数一数,我们介绍了哪些景点。

2. 同一景点数张画面按人物和景物清晰的标准共同挑选。

3. 思考还可向大家介绍哪些景点,建议陆续补充。

# 53. 我们一起摘橘子

## 活动目标

1. 学唱歌曲《我们一起摘橘子》,掌握 Mi、So、La 的音高以及节奏的变化。

2. 培养注意力,探索尝试多种合作演唱的方法,体会合作演唱的美感。

## 活动准备

若干乐器。

## 活动过程

一、师生谈话,引入主题

师:前几天,我们到橘园去干什么?

幼:我们去摘橘子。

师:怎样才能把橘子摘下来呢?

幼:手要转一下,用力摘。

师:你摘了几个橘子,分给谁吃了?

幼:我摘了六个橘子,给妈妈……

师:今天,我们一起把摘橘子的事编成一首歌来唱一唱好吗?

幼:好哇!

二、游戏歌曲的探索

(一)学习歌曲

1. 教师弹奏旋律,引导幼儿倾听思考:歌曲中共有几句,有哪几个音宝宝?

(歌曲中有四个乐句,有 do、re、mi 三个音宝宝在唱歌。)

2. 教师边弹边唱师生共编的歌词。

3 3 3 3　2 2　| 1 -　| 3 3 3 3　2 2　| 1 -　| 3 3 3 3　2 2　| 1 -　| 3 3 3 3　2 2　| 1 -　|

师:天气真好,老师请大家快上车准备出发,说什么?

幼儿表达歌词内容,教师一一用歌曲句子小结。

3. 幼儿边动作边说歌词:

(1)教师引导幼儿把欣赏时听到的歌词用语言加以表达,教师即时纠正发音、咬字和口型。如:摘、快、笑等。

(2)幼儿倾听歌曲旋律,边拍手边念歌词(按歌曲旋律节奏拍手)。

(3)师生共同边拍腿边念歌词:左右腿交换拍,即念第一句拍左腿,第二句拍右腿,依次类推。

(4)幼儿边拍腿边念歌词。

(5)幼儿尝试把歌词装配到歌曲旋律中。

师:现在我们可以把弟弟妹妹摘橘子的事情学着唱出来。

指导:"这里的橘子摘完了,再换棵橘子树"(即从 C 调转到升 C 调,让幼儿学唱歌曲)。不一会儿,这棵树上的橘子又给我们摘完了,哟!里面还有许多橘子树呢(从 C 调升为 D 调,再引导幼儿学唱,并提醒音准)。看哪,前面有个小山坡,山坡有点高,上面有棵最大的橘子树(从 D 调逐渐向上升高半音地学唱歌曲)。

(二)尝试合作游戏(1)——加上拍手跺脚的动作

师:现在老师和弟弟妹妹一起摘橘子。你们的任务是:认真摘橘子,边唱歌边拍腿;老师的任务是:为你们加油鼓劲,做拍手跺脚的动作。

大家都有自己的任务,千万不能看了别人的动作而忘记自己的任务。

幼儿拍右腿: <u>3 3 3 3</u>  2 2 | 1  - | <u>3 3 3 3</u>  2 2 | 1  - |

　　　　　　　弟弟妹妹　快　快　来,　　我们一起　摘橘　子

教师的动作: 0 　　　0 | 0 - | 0 　　0 | 0 - |

　　　　　　　　　　（拍手）　　　　　　（跺脚）

幼儿拍左腿: <u>3 3 3 3</u>  2 2 | 1  - | <u>3 3 3 3</u>  2 2 | 1  - |

　　　　　　　大家摘得　真快　乐,　　个个脸上　笑哈　哈

教师的动作: 0 　　　0 | 0 - | 0 　　0 | 0 - |

　　　　　　　　　　（拍手）　　　（跺脚同时两臂上举）

师:你们摘了许多橘子,我高兴得为你们又拍手又跺脚,请注意我是什么时候为你们拍手跺脚的?

1. 师生合作尝试,幼儿在边唱边动的同时要注意教师的新动作是什么时候做的,同时,教师也要密切注视幼儿在操作中可能出现停唱或停动的现象,随时加以调整引导,逐渐使幼儿在游戏歌曲中达到动作协调一致。

2. 幼儿寻找出"拍手、跺脚"的节奏,并直接参与尝试。教师不断引导幼儿自己通过倾听来修正自己的节奏。

3. 师生互换角色尝试游戏。

4. 幼儿分两组尝试游戏,如 A 组幼儿拍腿唱歌,B 组幼儿为之拍手跺脚。

(三)尝试合作游戏(2)——加上语言表现

师:现在我要把为你们拍手跺脚的意思说出来,大家再一起来摘橘子。

幼儿同上边唱歌边拍腿,教师边拍手跺脚边说话。

教师的新动作:

0  0 | <u>0 X</u>  X | 0  0 | 0  X | 0  0 | <u>0 X</u>  X | 0  0 | 0  X |

　　　　　　来　啦,　　　　嗨　　　　　快　乐　　　　哈

1. 师生共同合作游戏,教师指导发音、口型、咬字等,如"来"、"嗨"、"哈"。

2. 幼儿与幼儿分组交换,合作游戏。

（四）尝试合作游戏（3）——用歌声加以表现

师：我们不但要用拍手跺脚说话来表示愉悦地去摘橘子,还要用歌声唱出来（新唱的内容也可以师生共编）。

教师要与幼儿合作演唱,同时注意让幼儿探索发现。

$$\underline{3\ 3\ 3\ 3}\ \underline{2\ 2}\ |\ 1\ -\ |\ \underline{3\ 3\ 3\ 3}\ \underline{2\ 2}\ |\ 1\ -\ |\ \underline{3\ 3\ 3\ 3}\ \underline{2\ 2}\ |\ 1\ -\ |$$

生：弟弟妹妹 快快　来，　　我们一起 摘橘　子，　　大家摘得 真快　乐，

$$\underline{3\ 3\ 3\ 3}\ \underline{2\ 2}\ |\ 1\ -\ |$$

个个脸上 笑哈　哈

$$0\ 0\ |\ \underline{0\ 6}\ 5\ |\ 0\ 0\ |\ 0\ \underline{5}\ |\ 0\ 0\ |\ \underline{0\ 6}\ 5\ |\ 0\ 0\ |\ 0\ 1\ |$$

师：　　来　啦，　　　　嗨　　　快　乐　　　哈

该活动可分数次进行。

### 附游戏歌曲

$1 = C\ \frac{2}{4}$

$$\underline{3\ 3\ 3\ 3}\ \underline{2\ 2}\ |\ 1\ -\ |\ \underline{3\ 3\ 3\ 3}\ \underline{2\ 2}\ |\ 1\ -\ |\ \underline{3\ 3\ 3\ 3}\ \underline{2\ 2}\ |\ 1\ -\ |\ \underline{3\ 3\ 3\ 3}\ \underline{2\ 2}\ |\ 1\ -\ |$$

生：弟弟妹妹 快快 来，　我们一起 摘橘　子，　大家摘得 真快　乐，　个个脸上 笑哈 哈。

$$0\ 0\ |\ \underline{0\ 6}\ 5\ |\ 0\ 0\ |\ 0\ \underline{5}\ |\ 0\ 0\ |\ \underline{0\ 6}\ \underline{5}\ |\ 0\ 0\ |\ 0\ 1\ |$$

师：　　　来　啦，　　　　嗨　　　　快　乐　　　哈

# 54. 蔬菜音乐会

## 活动目标

1. 运用音乐语言再现对蔬菜探究的体验,体会参加"蔬菜"音乐会的快乐。
2. 学习手耳协调地合作演奏,激发探索的欲望。

## 活动准备

蔬菜的实物、音块。

## 活动过程

一、运用模仿动作,再现送菜到菜场的情境

1. 回忆参观菜场的经历,谈论蔬菜的不同营养。
2. 按音乐节奏用动作表现各种送菜的方法,将蔬菜送到菜场去。
3. 相互观察各自想象的模仿动作,交流送菜的方法。

二、和奶奶一起去买菜——学唱歌曲《买菜》

1. 想象和奶奶一起外出买菜的欢乐,表现活泼跳跃的旋律。
2. 结合蔬菜的特征与口形,例如"番茄圆溜溜"——嘴巴圆圆地渐渐打开。
3. 注意周围同伴的歌声,用和谐的声音唱歌,表现许多菜堆放在一起不压坏。

三、合作演奏蔬菜音乐会

1. 谈论马铃薯、胡萝卜、番茄、青菜、青椒、黄瓜等不同蔬菜的营养。
2. 幼儿自选一个音块,排成 5 队蔬菜(do:马铃薯,re:胡萝卜,mi:番茄,fa:青菜,sol:青椒,la:黄瓜)。
3. 运用熟悉的乐曲《小星星》,演奏乐曲中属于自己音块的部分,并用接着演奏的方法合作演奏。
4. 从少数幼儿参加演奏,逐渐增加人数,每一次演奏时注意倾听,共同寻找将自己的音块及时介入的方法,直到全班参加,逐步做到整齐地演奏。
5. 幼儿轮流担任菜场经理,指挥"蔬菜们"合作排练和演出。

# 55. 我们爱劳动

## ■ 活动目标

1. 能用肢体动作有节奏地表现劳动时的欢快。
2. 了解周围人的各种劳动,萌发爱劳动的情感。

## ■ 活动准备

阿姨打扫卫生的录像、《劳动最光荣》音乐。

## ■ 活动过程

一、引发讨论

1. 今天老师给大家带来了一段录像,我们一起来看看,录像里有谁? 他们在干什么?

2. 观看幼儿园阿姨打扫卫生的录像并交流。

3. 你看到阿姨们在干什么?(擦窗、扫地、擦桌椅、拖地板)鼓励幼儿用动作表现阿姨打扫卫生的各种动作。

4. 录像里阿姨们做的事儿都被你们找到了,细心的小朋友也一定会发现在我们身边有很多人都在劳动,你见过吗? 他们在做些什么呢?

5. 幼儿想象人们的劳动,做出动作请大家猜:这是谁,他在做什么,发现身边爱劳动的人们有许多。

二、跟随音乐动作

1. 听赏音乐:老师也很爱劳动,我喜欢一边劳动一边听音乐,这样会让我在做事的时候更有精神、更带劲! 今天,我把小朋友劳动时最喜欢的一首音乐带来了,我们一起来听听。

2. 教师随着音乐的节奏表演清洁工阿姨擦窗,幼儿随着音乐的节奏拍手,感受歌曲旋律和节奏。

3. 教师反复播放歌曲,请幼儿想象可能有谁也在劳动,试着用动作表示(教师适当提示,使动作更明显,并能符合音乐的节奏)。

4. 交流自己创编的动作,共同选择数个表示不同工人的劳动动作。

三、表演创造

1. 自由结伴,分别扮作某一工种的工人,随音乐共同练习。

2. 轮换地为大家表演(教师可扮作主持人,分别介绍)。

3. 欣赏教师的舞蹈表演"我们爱劳动",跟着教师一起舞蹈。

# 56. 音乐游戏 "老鼠娶新娘"

## 活动目标

1. 进一步掌握弹簧步的动作要领,尝试随音乐节奏整齐一致地动作。
2. 了解音乐游戏的规则,在共同游戏中体验民间风俗的趣味性。

## 活动准备

1. 由《大花轿》音乐改编的对唱歌曲,进一步熟悉故事及旋律。
2. 共同收集传统婚礼图片:抛绣球、戴红头盖、坐花轿、轿夫抬花轿等。

## 活动过程

第一个环节:进一步把握弹簧步的要领。

通过学做轿夫抬新娘的情景导入,继续尝试弹簧步模拟抬轿子,注意动作的要领,跟着音乐节拍行进,为游戏做准备。

第二环节:了解音乐游戏的规则。

1. 把握音乐的节奏与时段,确定游戏规则。

(1)跟着音乐在一定的范围内稳当地走弹簧步模拟抬轿子,互相不碰撞。

(2)按照音乐的提示请轿夫、接新娘、抛绣球,不得提前或落后。

(3)抬花轿的队伍必须整齐地前进,不能散架。

2. 了解规则的实际意义。

(1)最初在走动时,互相挤在一起,造成碰撞,用"抬着花轿走轿子,走大路不走小路"来提示,引导幼儿选择较空的场地行进。

(2)在音乐结束时还停在半路上,找不到邀请的对象,用"准时到达轿夫或新娘家门口"来提示,启发幼儿关注音乐的旋律,判断自己和邀请者的距离,准时到达。

有的幼儿爱相互邀请,或选择已经装扮过新郎新娘的同伴重复装扮,用情景性的语言"女孩子可以和女孩子结婚吗?""一个人能结两次婚吗?"做出回应,使幼儿感到信服,从而愿意遵守游戏的规则。

3. 逐步推进。

第一遍游戏——由教师扮演新郎,参与示范并用分段演示,使幼儿初步了解游戏的玩法。

第二遍游戏——请一位幼儿担任新郎,试玩游戏,此时,教师作为一个引领者和讲解者为幼儿提供支持。在观察中发现问题、及时地用情景性的语言帮助幼儿巩固音乐游戏的规则。这个游戏最大的难点就是六人(新郎、新娘和四个轿夫)同时行进,幼儿时常走得七倒八歪,甚至散了架。此时,教师就引导幼儿思考发现问题,共同寻找整齐一致行进的好办法。最初,幼儿有两种意见,一是看着前面朋友的脚步走,二是听音乐走。教师让幼儿分别尝试这两种方法,发现后者比前者更合适,即使看不见前面小朋友的脚步,只要跟着音乐节奏走,就不会散架。通过思考、比较和尝试,幼儿把握得更牢固了。

　　第三遍游戏——两顶轿子同时行进,引导幼儿自己尝试游戏。教师在观察过程中,给予幼儿正确的评价(不早不晚到达家门口),并作适当的提示(听着音乐比看脚步前进更稳当),推进幼儿游戏的进程,进一步体会游戏的快乐。

# 57. 小木偶的舞蹈

## 活动目标

1. 尝试用停顿的动作随着音乐的节奏表现木偶滑稽的样子。
2. 探索身体会动的部位,体验动作的灵活变化。

## 活动准备

一个玩具大木偶、红色标签等。

## 活动过程

一、出示木偶,引起兴趣

师:今天我给大家带来了一个朋友(出示玩具木偶),谁?

幼:木偶……士兵……

师:是啊,是个木偶士兵。你们听说过有关木偶的故事吗?

幼:听过《木偶奇遇记》的故事……很好玩的,鼻子越来越长……后来他变成人了……

二、欣赏并感受木偶舞蹈的特点

1. 欣赏舞蹈。

师:木偶的样子很有趣,动作也很特别,现在我为大家表演一个木偶的舞蹈,看一看想一想,和其他人有什么不同。

教师表演木偶之舞中含有"招手、鞠躬、走路"的动作。在老师"喜欢就一起来啊"的鼓励下,幼儿纷纷围到了老师的身边学着和老师一起动作。

2. 交流感受。

师:跳木偶的舞蹈,感觉是怎么样的?

幼:木偶的动作硬邦邦的,动一动,停一停……

3. 一起来学一学,做一做。

三、感受人和木偶的不同特点

1. 听音乐,做招手、鞠躬、走路动作。

招手动作,指导语:和大家打招呼(先做人的动作,再做木偶动作)。同时感受舞蹈动作的对称性。指导语:左面招招手,右面招招手。

鞠躬动作(同上)。

走路动作(同上)。

在比较中感受木偶的动作是一动一停的,人的动作可灵活地连起来。

2. 观察木偶的身体,确定木偶身体会动的部位,用笔或粘纸表示出来,如:颈、肩、腰、膝、腕等。

3. 听着音乐,随教师指点木偶的某一部位变化动作。

四、表现木偶的舞蹈动作

1. 两两合作,共同讨论确定小木偶在做什么。

2. 跟着音乐编一编一个木偶的舞蹈动作。

3. 交流:看谁的动作最像木偶。说说动作的意思,一起来学一学。

4. 选出"最佳小木偶"动作,连贯起来舞蹈。

# 58. 瑶族舞曲

## 活动目标

1. 感受乐曲的音乐形象,了解乐曲 ABA 的曲式结构。听辨乐曲 A 段的节奏型 | X   X X | 和 B 段的节奏型 | X X X X | X X   X |。

2. 了解各乐器的演奏顺序,尝试用小乐器为瑶族舞曲伴奏,体验合作的快乐。

## 活动准备

1. 瑶寨画面数张。

2. 配器方案:

(1) A 段按照节奏型 | X   X X | 用不同乐器配合演奏,B 段按照节奏型 | X X X X | X X   X | 共同演奏。

(2) A 段配器组合为:第一句,三角铁和小铃。即: | X   X X |
　　　　　　　　　　　　　　　　　　　　　　三角铁 小 铃

　　第二句,小铃和圆舞板或木鱼。即: | X   X X |
　　　　　　　　　　　　　　　　　　　　小铃 木 鱼

　　第三句,三角铁和铃鼓。即: | X   X X |
　　　　　　　　　　　　　　　　　三角铁 铃 鼓

　　第四句,双响筒。按节奏 | X X X X |
　　　　　　　　　　　　　　　左 右　左 右敲奏

　　第五句,三角铁和小铃。即: | X   X X |
　　　　　　　　　　　　　　　　　三角铁 小 铃

3. 大鼓按照 A 段 B 段不同的节奏型整首曲子演奏:

A 段: | X   X X |

敲击: 鼓面 鼓 沿

B 段: | X X X X | X X   X |

敲击: 　全部 敲 击　鼓 面

注解:三角铁的演奏方法为小棒在三角铁内圈晃动演奏。

## 活动过程

一、欣赏乐曲,理解乐曲内容,找出主要的音乐形象

幼儿在充满瑶族风情的立体的环境背景中欣赏音乐。如边听音乐边欣赏幻灯片：有瑶族村寨吊脚楼的画面；有瑶族叔叔敲长鼓，瑶族阿姨跳舞的画面；还有大家开篝火晚会热闹欢快的画面。又如边听音乐边观看"瑶族阿姨"（老师表演）的舞蹈；还比如边听音乐边欣赏朗诵。在一次次的欣赏过程中，幼儿分辨出 A 段的音乐是缓慢的，优美的，B 段的音乐是欢快的。幼儿想象着，A 段是瑶族阿姨在跳优美的舞蹈，B 段是歌声越唱越欢，舞蹈越跳越有劲，人也越聚越多，一片欢腾的场面。

二、反复欣赏乐曲，寻找节奏型

"长鼓"是瑶族特有的民族乐器，教师在引导幼儿欣赏乐曲的过程中，启发幼儿想象瑶族叔叔是敲着怎样的鼓点为阿姨的舞蹈伴奏的。在听辨中找出 A 段 | X　X　X | 的节奏型和 B 段 | X X X X | X X　X | 的节奏型。

三、通过以下环节层层深入

（1）跟着音乐按照 A 段节奏型拍一下手再拍两下腿来模仿长鼓演奏。

（2）分角色合作，如：弟弟朋友拍一下手，妹妹朋友拍两下腿共同演奏。

（3）选择不同的乐器（鼓和小铃）合作演奏。

在不断感受音乐的过程中，在不同形式的操作中，幼儿越来越积极地参与到活动中来。

四、了解配器方案，尝试演奏

熟悉音乐，了解了 AB 段不同的节奏型之后，为孩子们了解配器方案，尝试演奏搭建了以下几个阶梯：

（1）欣赏老师的完整表演，引导幼儿有意观察。并辅助提问："瑶族阿姨用了哪些乐器在演奏？"激发他们再次欣赏的意愿。

（2）深入提问："你发现哪些小乐器在对话？""谁先说，谁回答呢？"引导幼儿发现演奏中不同乐句里哪两种乐器在配合演奏，并用情景语言加以引导。如：幼儿发现第一句是三角铁和小铃在对话时，教师马上说："三角铁和小铃的声音就像瑶族阿姨跳舞时裙子上银锁片发出的声音，好像在说：| 银　闪闪 | 真　漂亮 |。"

（3）观看老师再次表演。增加提问："哪种小乐器在中间唱了一小段？""哪个乐器是从乐曲开始唱到结束的？"引导幼儿在观察的基础上发现双响筒要单独敲一小句，大鼓要从头到尾演奏。

（4）请幼儿自由选择乐器，在老师的指挥下，尝试两种小乐器的合奏。要求幼儿眼睛看着老师的指挥，在无音乐伴奏下分句初步合奏 A 段。

（5）在老师的指挥下，听音乐完整演奏。

（6）幼儿换一种乐器，在老师的指挥下完整演奏。

（7）幼儿学做小指挥，完整演奏。并请"瑶族阿姨"跳舞，模拟开篝火晚会。

# 59. 建筑回旋曲

## 活动目标

1. 在学唱歌曲《建筑之歌》的基础上,尝试用打击乐器和肢体动作创造性地表现建造房屋的情景,激发幼儿学做小小建筑师的愿望。

2. 在"大家一起造房子"的游戏中,进一步增强幼儿的节奏感,培养相互合作创编奏乐的能力。

## 活动准备

小乐器若干、中音琴、木琴、音乐《加油干》。

## 活动过程

一、卡侬游戏:小小建筑师

师:上个星期我们逛街,看见有很多房屋都围了起来,为什么呢?

幼:建筑工人叔叔要把房子整修一下,让房子变得更牢固。

师:工人叔叔请小朋友学做小小建筑师。

(1)请幼儿编一句节奏语。

(2)幼儿集体用此句节奏语玩卡侬游戏:从两组到六组。

二、复习歌曲《建筑之歌》

1. 集体演唱歌曲一遍。

师:我们能帮建筑工人叔叔什么忙呢? 让我们用歌声来唱一唱,学做小小建筑师。

2. 重点指导。

铲土:嘴唇放松,把土铲起来不要洒了。

轰隆隆:注意换口气,别累坏了。

3. 幼儿集体演唱歌曲第二遍。

4. 启发幼儿用肢体动作表现。

三、乐器游戏"建筑回旋曲"

1. 集体演唱《大家一起造房子》。

师:造房子的时候,又要搬砖头,又要搅拌水泥,要用很多力气。我们一起来做啦啦队,为小小建筑师加油鼓劲。

2. 教师引导幼儿边做节奏动作,边演唱歌曲。

3. 请一名幼儿用木琴伴奏,教师插奏,其他幼儿边唱歌边做节奏动作。

4. 教师引导幼儿分组用乐器表现建造房子时的场景。

(例如:让幼儿分组讨论,在建造房子时会有哪些声音? 选用什么乐器? 运用什么节奏? 并让他们尝试操作。)

5. 集体表现:建筑回旋曲。

听着《建筑之歌》的歌曲,敲击小乐器。

# 60. 娃哈哈

## 活动目标

1. 演唱歌曲《娃哈哈》，表现歌曲欢快的情绪。
2. 学习新疆舞的基本步伐——垫步。尝试手脚协调地跟着音乐表演新疆舞《娃哈哈》。

## 活动准备

舞蹈编排：
(1) 脚步以垫步贯穿始终。
(2) 第一句歌词：双手在胸前拍手两次，双手在左上方一高一低转动手腕两次。
第二句歌词：双手在胸前拍手两次，双手在右上方一高一低转动手腕两次。
第三句歌词：双手在胸前拍手两次，双手侧平举，转动手腕两次。
第四句歌词：双手在胸前拍手两次，双手在头顶上方转动手腕两次。
第五句歌词：双手在胸前一边拍手一边自转一圈。
第六句歌词：双手在胸前拍手三次，最后双手翘起大拇指摆个造型。

## 活动过程

一、学唱歌曲环节

1. 聊聊新疆的好吃的、好玩的、好看的风土人情，进一步了解新疆，喜欢新疆，激发幼儿学习新疆歌舞的兴趣。

2. 学唱歌曲，熟悉歌曲，强调在重拍上的歌词要唱得短促有力些，如：我、是、花、真等，为学习垫步打好基础。

二、学习垫步

1. 创设一个"乘坐火车去新疆旅游"的情景，辅助提问："火车怎么开呢?"引导幼儿观察老师示范的火车开法：双手叉腰，做垫步。

2. 交流自己的发现。如："一只脚在另一只脚的后面一点用脚尖踩。""脚踩下去的时候身体要长高。"……幼儿模仿尝试，教师观察指导。

3. 教师邀请"火车开得好"的幼儿示范，再次帮助幼儿了解垫步的要领，知道只有这样开火车才能到新疆。

4. 出示铃鼓，介绍这是新疆叔叔跳舞时用的乐器。教师跟着音乐拍铃鼓，请幼儿跟着示范者再次开火车去新疆旅行。用铃鼓声给幼儿信号，在听到鼓声的同时脚踩下去，帮助幼儿踏上音乐的节奏。

5. 请一位把握节奏较好的幼儿来做新疆叔叔拍铃鼓，带大家游览新疆美景。

三、学跳新疆舞

1. 教师示范舞蹈。辅助提问："新疆阿姨是怎么跳的?""手腕转动和扭动脖子表示什么意思?"联想到摘葡萄和葡萄很好吃的意思。"不同方位转动手腕表示什么意思?"幼儿联想是在摘不同地方的葡萄。

    2．按舞蹈动作的顺序编成了一首儿歌：

左边的葡萄大又大，

右边的葡萄甜又甜，

旁边的葡萄多又多，

上边的葡萄数不清。

娃哈哈，娃哈哈，

新疆的葡萄亚克西！

    3．在一边念儿歌一边做动作的过程中学会舞蹈。

# 61. 我的故事

## 活动目标

1. 感知不同乐器音色,为"我的故事"选配乐器合作。
2. 创编简单的节奏,并能边讲述边操作乐器。

## 活动准备

1. 幼儿熟悉的若干乐器。
2. 幼儿自己画"我的故事"。
3. 纸和笔。

## 活动过程

一、集体用乐器创编故事"我的故事"

1. 老师的故事。

(1) 教师讲述"宝贝睡着了",请幼儿注意听创编故事配音中的各种声音。

(2) 幼儿交流各自听到的声音,想象这些声音表示什么?

2. 乐器配音。

(1) 想一想可以用什么乐器替代这种声音? 用怎样的节奏?

(2) 个别表述自己的看法,并做相应的操作。

(3) 分配角色——幼儿分做讲故事的人以及操作相应乐器的人。

(4) 用乐器来帮老师讲述"宝贝睡着了"的故事。

二、尝试用乐器编讲幼儿自己的故事

1. 谈论:我们平时做哪些事情也会发出声音?

2. 思考这些声音可用什么乐器替代? 会发出怎样的节奏?

3. 尝试由一位幼儿讲述,其他幼儿用乐器有节奏地配音。

三、想象创编

1. 二到三人结伴共同编讲故事,使故事有趣。

2. 选择一位同伴的故事,寻找故事中的声音和对应的乐器。

3. 尝试分工:一人讲述故事,其他人操作乐器。

四、演示交流

1. 分组在集体中表演。

2. 在教师的引导下,共同记录提升。

(1) 故事中对应的乐器。

(2) 乐器节奏的变化。

(3) 观看记录归纳:"我的故事"中用到了哪些乐器和节奏,分别操作证实。

# 62. 一个一个说

**活动目标：**

学习分角色演唱歌曲《一个一个说》，增强倾听和演唱能力。

**活动准备**

1. 动物的家（鸭子、青蛙、小鸡、小羊）。
2. 圆舞板、串铃、木鱼、碰铃若干。

**活动过程**

一、律动"小老鼠的故事"
1. 教师带领幼儿用肢体动作讲述小老鼠的故事（爵士律动）。
2. 引导幼儿听着欢快的乐曲，自由表现老鼠的各种动态。
3. 个别幼儿用肢体动作讲述"我的小老鼠故事"。
4. 大家来讲故事。集体用肢体动作讲述自己的小老鼠的故事。

二、复习歌曲《一个一个说》
1. 看节奏卡学小动物叫。
观察动物节奏卡，说一说什么动物来了？学一学它们是怎么唱歌的？

(1) 呷呷      呷     呷呷      呷
(2) 呱呱呱      呱     呱呱呱      呱
(3) 叽叽叽叽      叽     叽叽叽叽      叽
(4) 咩咩      咩—

教师摘句提示，例如：青蛙叫——呱呱呱呱，嘴巴放松，灵活地反应。

2. 分角色把握不同的节奏。
(1) 幼儿听着音乐将座位由原先的半圆变成集合的四小组（教师弹奏《一个一个说》音乐）。
(2) 教师将动物家的标志图分别放于各组，分组单一练习对应的动物叫声。
(3) 幼儿根据歌词内容按顺序学动物唱歌。

3. 集体演唱歌曲。
(1) 按照歌词顺序演唱。
(2) 教师当指挥，提示幼儿明确自己扮演的角色，轮到自己扮演的动物才唱歌。
(3) 注意：动物在唱时，其他小动物就要安静听。轮到自己唱时立刻接上去。

4. 幼儿指挥。
(1) 每家动物请出一个小指挥，轮到唱歌时用动作带大家唱。
(2) 老师伴奏，幼儿完整地演唱。

■ 附歌曲

## 一个一个说

| 1 5 | 3 1 5 | X X X | X X X | 1 5 | 3 1 1 2 | X X X X | X X X X |

鸭子 呷呷 呷 呷呷 呷 呷呷 呷 青 蛙 呱呱呱 呱 呱呱呱 呱 呱呱呱 呱

| 3 5 | 3 1 3 1 6 | 5 1 2 3 | 1 — | 1 5 | 3 1 5 |

小 鸡 叽叽叽叽 叽 小羊 咩咩 咩, 如果 抢着 说

| 0 0 | 0 0 | 1 5 3 1 2 — | 3 5 3 1 6 | 5 1 2 3 1 — |

呷呷 呷 呷呷 呷
呱呱呱 呱 呱呱呱 呱 声音 像打 架, 一个 一个 说 才能 听清 楚,
叽叽叽叽 叽 叽叽叽叽 叽

| X X X | X X X X | X X X X X | X — | 3 5 | 3 1 6 | 5 1 2 3 | 1 — |

呷呷 呷, 呱呱呱 呱 叽叽叽叽 叽 咩 一个 一个 说 才能 听清 楚。

# 63. 快乐的小雪花

## 活动目标

1. 复习律动"快乐的小雪花",引导幼儿创编各种雪花旋转的动作。
2. 发展幼儿的空间方位知觉,体会感受整体动作和谐的美感。

## 活动准备

看过了下雪场景,感受过雪花的轻柔。

## 活动过程

一、观雪——碎步律动"快乐的小雪花"

1. 跟随老师听着音乐小碎步进活动室。想象变成一朵洁白的雪花,跟着雪花妈妈漫天飞舞。

2. 看看我的哪个宝宝飘得最美:碎步要做到轻柔,两腿夹紧。双手臂伸直上举至头上方,手腕交叉,五指张开。

二、飘雪——单个雪花碎步飘动

1. 交流:怎样使雪花飘得轻轻松松,又很美丽?(幼儿:脚要踮得高、五个手指要张开、头要抬起来等)

2. 幼儿集体尝试飘动雪花。

3. 单个飘雪,每朵雪花就是一个雪花精灵。

(1)教师示范:听着音乐飘,也听着音乐停下来。最后飘在一片空地上,定格成一朵想象中的雪花造型。

(2)幼儿依次做朵雪花从座位上飘到场地,每一个乐句幼儿飘到中间做定格动作,最后全班形成一个雪花自由创编的整体造型。在一朵朵雪花飘出的过程中,幼儿不仅观摩了其他幼儿"雪花"舞动的动作,而且还能够自由地穿梭于其他"雪花"之间,形成了一种流动的美感。

三、舞雪——会旋转的小雪花

1. 个别幼儿交流演示一个人飘动的动作。

2. 部分幼儿创编各种雪花旋转的动作。

3. 讨论并做归纳旋转舞动的姿态,如:滑步旋转、单腿旋转、跳步旋转等。在相互学习中达到自我的迁移。

4. 集体尝试跟着音乐伴奏舞出各种旋转的动作。

5. 个别幼儿示范新的旋转动作,再次听音乐集体舞雪。

四、戏雪——和雪花妈妈玩游戏

1. 了解游戏规则:

(1)雪花妈妈飘在哪里,向小雪花招招手时,小雪花就慢慢地飘到妈妈身边。

(2)当雪花妈妈轻轻吹口气,小雪花们马上旋转着离开妈妈,找到自己飘落的地方。

2. 游戏中雪花妈妈不断变化飘落的位置,幼儿迅速做出反应,感受到不同的集合点会构成不同的整体造型,发现大家共同合作的和谐之美。

3. 运用碎步、旋转等动作不推也不挤,从分散的方向集中。

### 附歌曲

**小 雪 花**

$1=\frac{4}{4}$

| 5 1 | 3 4 4 3 | 2 2 2 3 | 1 — | 1 4 | 4 5 | 6 6 | 5 4 | 3· 3 4 | 5 — |
|---|---|---|---|---|---|---|---|---|---|
| 小雪 花 | 小雪 花 | 找呀 找妈 | 妈 | 飘呀 | 飘呀 | 飘呀 | 飘呀 | 找 不到 | 家 |

| 1 4 | 4 5 | 6 6 | 5 4 | 3· 4 | 5 4 3 | 4 4 4 | 4 4 | 4 4 | 3 2 | 5 — — — |
|---|---|---|---|---|---|---|---|---|---|---|
| 妈妈 | 妈妈 | 你在 | 哪里 | 在 哪 | 里 呀 | 难道 你 | 真的 | 不要 | 我 | 啦! |

| 1 4 | 4 5 | 6 6 | 5 4 | 5· 5 4 | 3 — | 4 4 | 4 4 4 | 4 4 | 3 2 | 1 — — — |
|---|---|---|---|---|---|---|---|---|---|---|
| 妈妈 | 妈妈 | 你在 | 哪里 | 在 哪 里 | | 看不 | 见你 我 | 真的 | 好害 | 怕。 |

| 5 — 5· 5 | 4 3 | 4 5 | 5 — | 6 6 | 6 6 | 5 4 | 5 4 | 3 — — — |
|---|---|---|---|---|---|---|---|---|
| 回 家我 听你 | 的 | 话 | | 再也 | 不敢 | 离开 | 你 | 啦。 |

| 5 — 5· 5 | 4 3 | 4 6 | 5 — | 6 6 | 6 6 | 6 | 4 6· | 5 — — — |
|---|---|---|---|---|---|---|---|---|
| 回 家我 听你 | 的 | 话 | | 再也 | 不敢 | 离 | 开你 | 啦! |

| 5 — 5· 5 | 4 3 | 4 5 | 5 — | 4 4 | 4 4 | 4 4 | 3 2 | 1 — — — |
|---|---|---|---|---|---|---|---|---|
| 妈 妈你 带我 | 回 | 家 | | 我会 | 做个 | 懂事 | 的娃 | 娃。 |

# 64. 母鸡萝丝去散步

## 活动目标

1. 模拟故事里的各种声音,用不同的乐器(或相同的乐器)及不同的方法进行演奏。
2. 尝试运用回旋曲按场景以小组轮换的方式表演,体验合作表演的快乐。

## 活动准备

1. 各种乐器,母鸡散步经过的故事场景图片。
2. 幼儿已听过故事,并探索过部分情节的声音。
3. 乐曲《稻草中的火鸡》。

## 活动过程

一、引出故事主题
1. 今天天气真好,母鸡萝丝准备出门去散步了!
2. 幼儿听音乐用肢体动作学母鸡萝丝散步,思考怎么表现母鸡萝丝悠闲散步的样子。
二、讲述故事,组织讨论
1. 回忆故事。
(1) 母鸡萝丝去散步时经过哪些地方? 它先去哪里再去哪里?
(2) 在散步时发生了一些什么事情?
(3) 狐狸的坏主意得逞了吗?
2. 共同探讨。
(1) 选择其中一个情节,分辨其中的声音,如:你最喜欢哪段故事? 在这段故事里能听到什么声音? 这些声音是怎样的? 什么声音在前,什么声音在后?
(2) 思考用什么乐器可以表现这些声音。
(3) 尝试用乐器表演,共同分辨选用哪种乐器比较合适。
(4) 部分幼儿表演。
三、小组练习,共同表现
1. 幼儿自由结伴,分别选择一个场景,共同商议选用的乐器。
2. 小组内进行分工,按声音出现的先后进行练习。
3. 交流各组的表现。看看说说每个小组用了什么好方法。
4. 共同表演:
(1) 由一个幼儿扮演母鸡萝丝,用肢体动作表现散步的情景,其余各组幼儿表现不同的场景。
(2) 母鸡萝丝按故事顺序分别经过各组,到达某一组时,该组幼儿立即起立用乐器表演故事场景,直至故事结束。

附乐曲

## 稻草中的火鸡

1 = F 4/4

3 2 | 1 1 1 <u>3 4</u> | <u>5̣</u> <u>5̣</u> 5̣ <u>1 2</u> | 3 <u>3 3 2</u>

<u>1 2</u> | 3 2 2 <u>3 2</u> | 1 1 1 <u>3 4</u> | <u>5̣</u> <u>5̣</u> 5̣

<u>1 2</u> | 3 5 <u>5 3</u> <u>1 2</u> | <u>3 2</u> 1

1 = f 4/4

<u>3 2</u> | 1 1 1 <u>3 4</u> | <u>5̣</u> <u>5̣</u> 5̣ <u>1 2</u> | 3 3 <u>3 2</u> <u>1 2</u> |

3 2 2 <u>3 2</u> | 1 1 1 <u>3 4</u> | <u>5̣</u> <u>5̣</u> 5̣ <u>1 2</u> | 3 5 <u>5 3</u> <u>1 2</u> |

3 2 1 <u>3 2</u> ‖

# 65. 即兴击鼓——五只鸭子

## 活动目标

1. 进一步熟悉歌曲,尝试在 5 只鼓上自由地随乐即兴敲奏,增强自信,获得成功体验。
2. 注意倾听音乐的间奏,及时传递鼓棒,合作完成轮换演奏。

## 活动准备

1. 大鼓 1 只、小鼓 4 只、鼓棒 6 对、音乐录音。
2. 重难点:在每一段的第一拍及时击鼓,合作完成轮奏。

## 活动过程

一、复习歌曲

1. 用歌声把五只鸭子的故事唱给大家听,要求把小鸭去哪里玩、母鸭的叫声唱清楚,让大家一听就明白。

2. 提示:发音清楚"跑到很远地方去玩耍","母鸭叫得呷呷呷",唱得又急又响。

二、大胆敲奏

1. 幼儿 6 人一组尝试有间奏地轮换敲奏。要求:听着音乐的节奏敲鼓,每个鼓都敲到,变换不同部位敲击。

2. 取消间奏:

(1) 分辨有间奏与无间奏的两段乐曲。

(2) 现在老师再给你们一段音乐,听听跟原来的哪里不一样?

(3) 讨论:没有间奏,怎么敲鼓?共同梳理:每人一对鼓棒,横着站一排,听好音乐,心里数好节拍等都是好办法!

(4) 由一组幼儿按大家的建议尝试取消间奏地敲鼓。

三、合作击鼓

1. 幼儿以接龙的形式再次尝试,接不上则重新计数,说一说最长的队伍是几位小朋友。

2. 师生共同用大鼓轮换地演奏。

## 附歌曲

五只鸭子

$1 = f \frac{4}{4}$

（ 5 5  3 3  3  3 4 | 3 2  2 3 4 | 5 4 2  3 4 | 3 2 1 0 |

5  3  3 3  3 4 | 3 2 2 0 | 5  2 2 2 3 | 2 1 1 0 |

5  3 3  3 4 | 3 2 2 2  5 5 | 2 2  2 2 2 3 | 2 1 1 0 ‖

# 66. 充气玩具

## 活动目标

1. 感受充气玩具充气中的音乐形象,并尝试用肢体动作予以表现。
2. 随音乐的变化再现玩具充气的过程,体验游戏的快乐。

## 活动准备

1. 幼儿对充气玩具有一定的了解。
2. 音乐(A. 软绵绵的音乐;B. 充足气的音乐;C. 充气前音乐;D. 漏气的音乐;E. 离场音乐)。
3. 充气玩具一个。
4. 纸和笔。

## 活动过程

一、经验回忆
1. 观察没有气的充气玩具,谈论这是什么玩具,发现其充气的特点。
2. 听赏音乐 A,感知没有气的玩具软绵绵的样子。
3. 讨论:让玩具充气的方法。
二、掌握充气的节奏,感知充气玩具充气时的音乐形象
播放音乐 B
第一遍:教师随着音乐的节奏表现为充气玩具充气,让幼儿感知充气玩具充足气时的形象。
第二遍:教师当场画图谱,幼儿听赏音乐,进一步感知充气时音乐的节奏。
引导幼儿观察吹气的节奏是不同的,有长有短,越是接近成功的时候,越是吹得快。
重点练习最后一句。
第三遍:教师指图谱,幼儿随着音乐一起模仿。
思考其他充气的方法(如:手动式打气筒、用脚踏式打气筒)。
第四遍:教师和个别幼儿指图谱,幼儿随着音乐一起用手动式打气筒打气。
第五遍:一个幼儿指图谱,幼儿随着音乐一起用脚踏式打气筒打气。
重点:节奏准确、有力。
三、表现充气玩具
1. 教师模拟长颈鹿充气玩具,幼儿模拟为长颈鹿充气的工人。
2. 幼儿尝试按着节奏来给长颈鹿充气,教师用肢体动作随着音乐的节奏表现长颈鹿逐渐充足气的样子。
3. 播放音乐 C:
(1) 幼儿按自己的想象扮作各种充气玩具。

（2）表现充气玩具没有充气时的情景。

（3）教师当充气工人，引导幼儿按音乐的节奏打气，充气玩具一点点地变大、变结实。

（4）音乐结束，个个表现出充足气的模样供"充气工人"检查。

4．播放音乐 C——漏气的声音：

（1）幼儿随音乐表现为逐渐放气。

（2）进一步进行经验迁移，表现各种充气玩具在充气时的音乐形象，体验游戏带来的快乐。

# 67. 形影不离

## 活动目标

1. 尝试多种的穿梭方法,提高身体的力量与协调性。
2. 初步形成合作意识,并体验合作运动的快乐。

## 活动准备

小椅子、音乐。

## 活动过程

一、热身活动:椅上平衡

幼儿听音乐在椅子上行走。提醒幼儿可不断变化手臂动作,如叉腰、上举、侧平举、抱头、曲臂等。当音乐结束后在椅子上摆出各种造型,控制好身体平衡,不从椅子上掉下来。回来时走地上划的线,循环进行。

二、椅子方阵中的个人穿梭

要求:幼儿在穿梭时控制好身体,不能相互碰撞,也不能碰到椅子。

形式:

(1) 同方向的奔跑穿梭(直线奔跑、S形绕行、侧向移动、下蹲快走)。

(2) 不同方向的交替奔跑穿梭(直线奔跑、侧向移动、下蹲快走)。

(3) 同方向的爬行穿梭(手足爬行)。

(4) 不同方向的交替爬行穿梭(手足爬行)。

三、椅子方阵中的合作穿梭

探索两人配合穿梭(形影不离)。

要求:在两人连在一起的情况下在椅子方阵中进行穿梭,在穿梭过程中,人与人之间不能分离,并探索多种形式的两人连接(教师根据幼儿在探索过程中所产生的动作形态进行归纳,其中预设有手挽手穿梭、拥抱穿梭、贴背穿梭等)。

四、放松活动:伸拉放松——椅子瑜伽操

热身活动图示:

活动过程图示:

放松活动图示：

# 附录：现场展示案例

## 1. 一颗纽扣（小班数学活动）

执教：王小敏　　指导：徐苗郎

### 活动目标

1. 尝试按照纽扣的多个特征进行匹配，促进幼儿多角度思维的发展。
2. 初步懂得拾到东西要归还失主，感受物归原主的快乐。

### 活动准备

1. 故事画面。
2. 人手一份与故事描述相同塑封的动物图像和可以匹配的纽扣。

### 活动过程

一、了解故事名称

1. 介绍故事名称，找找自己身上的纽扣。
2. 说说自己身上有几颗纽扣，是不是相同。

二、按故事线索参与讨论

（一）小老鼠发现了纽扣

1. 看看说说纽扣什么样。（教师归纳："这是一颗白色的、圆圆的纽扣，纽扣上还有两个小洞，它会是谁的衣服上掉下来的呢？"）
2. 掉了纽扣的朋友一定很着急，该怎么办呢？

（二）小老鼠去问小狗

1. 小老鼠问小狗："这颗纽扣是你掉的吗？"
2. 发现纽扣不是小狗的。
3. 小狗说："我真的掉了一颗纽扣，但是，我掉的纽扣是黄色的，不是白色的。谢谢你！"
4. 小老鼠就去找掉了白色纽扣的朋友"谁掉了白色的纽扣？"

（三）小老鼠去问小兔

1. 小老鼠问小兔："这颗白色纽扣是你掉的吗？"
2. 发现颜色相同，但是形状不同，不是小兔的。
3. 小兔说："我真的掉了一颗纽扣，但是，我掉的纽扣是方形的不是圆形的。谢谢你！"
4. 小老鼠就去找掉了白色圆形纽扣的朋友"谁掉了白色的圆形纽扣？"

（四）小老鼠去问蟋蟀

1. 小老鼠问蟋蟀："这颗白色圆形的纽扣是你掉的吗？"
2. 发现虽然颜色和形状相同，但是大小不同，不是蟋蟀的。

3．蟋蟀说："我真的掉了一颗纽扣，但是是一颗小纽扣，不是大纽扣。谢谢你！"

4．小老鼠就去找掉了白色圆形大纽扣的朋友"谁掉了白色的圆形大纽扣？"

（五）小老鼠去问大象

1．小老鼠问大象："这颗白色圆形大纽扣是你掉的吗？"

2．虽然颜色、形状和大小相同，但是洞孔不同，不是大象的。

3．大象说："我真的掉了一颗纽扣，但是，我掉的纽扣上有四个钮洞不是两个钮洞。谢谢你！"

三、归纳提升，破解悬念

1．动物们都愿意帮助小老鼠一起去找纽扣的失主。

2．共同描述纽扣的特征："白色、圆形、大大的，中间有两个小纽洞。"

3．大家正在寻找时，发现小老鼠妈妈的衣服上少了一颗纽扣。

4．共同比对，重复特征，发现这颗纽扣正是小老鼠妈妈掉落的纽扣。

四、操作尝试，迁移运用

1．小老鼠想：我的朋友们都掉了纽扣，让我再来帮助他们找回纽扣吧。

2．运用操作材料进行匹配。

3．看看说说：动物们都找回自己的纽扣了吗？

# 2. 云朵棉花糖（小班语言活动）

执教：林安逸　　指导：陈定儿

## ■ 活动目标

1. 喜欢听故事，能说出故事中的主要角色和内容。
2. 有兴趣投入故事情节之中，初步感受故事中与朋友分享的快乐。

## ■ 活动准备

1. 故事课件。
2. 插入材料：三只大小不同的老鼠、白云、幼儿熟悉的水果和动物等图像。
3. 实物：一团棉花、棉花糖。

## ■ 活动过程

一、激发兴趣

出示棉花糖，提问：今天老师带来了什么？棉花糖像什么？

二、欣赏理解故事

1. 出示三只老鼠，由教师讲述故事。

2. 回忆故事内容。

（1）故事里有哪三个老鼠？

（2）最胖的鼠老大住在几楼？最高的三楼住的是谁呢？鼠老二住在哪里？

（3）鼠老二想把白云做什么？睡上云朵做的枕头上会感觉怎样？

（4）鼠老大想把白云做什么？穿上云朵做的棉袄感觉怎么样？

（5）鼠小小想把云朵做什么？

三、体验故事情节

1. 三只小老鼠一起做云朵棉花糖，他们在云朵里加了糖和许多水果，会有哪些水果？

2. 哪些动物朋友闻到了云朵棉花糖的味道？边观察边说出他们的名称。

3. 动物朋友都想吃棉花糖，三只小老鼠会怎么做呢？

4. 幼儿操作：用棉花为大家模拟分棉花糖。

5. 共同发现三只小老鼠都只吃到一点棉花糖，谈论：他们怎么还是那么开心呀？

（他们招待了谁，朋友多不多？）体会大家一起吃好热闹好开心。

## ■ 延伸

我们也来一起分享棉花糖。

## ▉ 附故事

### 云 朵 棉 花 糖

　　树林里住着三只小老鼠。一只是鼠老大，一只是鼠老二，还有一只是鼠小小。他们住在一幢三层楼的房子里。鼠老大最胖，住在一楼。鼠老二住二楼。鼠小小住三楼。

　　一天，鼠小小在窗口看风景，一朵白云飘了过来，白云又轻又软。他一把抱住了白云。鼠小小来到二楼给鼠老二看，鼠老二说：做个白云枕头吧，又软又舒服。他们抱着白云来到一楼给鼠老大看，鼠老大说：做件棉袄吧！又轻又暖和。最后鼠小小说：还是做朵云朵棉花糖，肯定很好吃。大家都同意了。

　　他们在云朵里加了许多糖和各种味道的水果，然后把云朵棉花糖放在太阳下晒，云朵棉花糖的味道飘呀飘，飘到整个树林里。树林里的小动物闻到味道都来了。三只小老鼠把云朵棉花糖分给大家，自己只吃到了一小块，但是他们有了许多朋友，非常快乐。鼠小小说明天我们还要做云朵棉花糖。

# 3. 上海欢迎你（中班绘画活动）

执教：马叶佳　　指导：李慰宜

## 活动目标

1. 关注服装的明显特征，尝试表现不同职业的人。
2. 激发幼儿学做有礼貌的上海小主人，欢迎来自各方的客人。

## 活动准备

1. 与不同职业工作服颜色相似的彩色纸、记号笔。
2. 人物图片（医生、警察、工人、餐厅服务员、厨师），模拟工作证。

## 活动过程

一、导入情景，引发兴趣

1. 再现参观世博情景，懂得我们都是上海主人。
2. 学说"上海欢迎你！"欢迎客人再次来到上海。

二、观察比较，讨论演示

1. 逐一观察各种职业人物的图片，分辨他们不同的职业。
2. 试画厨师，观察讨论。

分辨厨师最特别的服装——确定帽子的位置——画一个大大的笑脸——让幼儿由上到下说五官，教师快速添画——穿上工作服（由幼儿说特征，教师添加）——面带微笑和客人打招呼："上海欢迎你！"

3. 大家来报名：以一个接着一个说的方式来报名"今天我想当谁？"

三、操作表现

1. 在医生、警察、工人和餐厅服务员中任选一个自己喜欢的角色。
2. 从头上有没有戴帽子或头巾开始，画出人物的基本部分和明显的特征。
3. 借助人物的不同工作特点添画相关的情景。

四、欣赏交流。

1. 给每个来上班的朋友挂上工作证。
2. 看作品猜一猜他是谁？由小作者证实。
3. 相同职业的朋友一起来欢迎客人："上海欢迎你！"

# 4. 一根羽毛也不能动（大班综合活动）

执教：俞莉莉　指导：应彩云

## 活动目标

1. 倾听故事，感受故事角色争冠军的有趣过程。
2. 理解鸭子放弃冠军的行为变化，体会友情比比赛更为重要。

## 活动准备

故事画面若干。

## 活动过程

一、了解故事人物

1. 分辨故事人物：天鹅和鸭子。

2. 了解故事中天鹅和鸭子是一对好朋友，他们时常互相佩服对方。

3. 谈论：天鹅和鸭子看到对方时会怎样赞美自己的朋友。

二、阅读故事（前段）：了解鸭子和天鹅争当冠军比赛的规则

1. 一天，鸭子和天鹅想玩一个木头人的游戏，比一比谁会当冠军。

2. 按各自的经验谈论木头人的玩法，并了解这次比赛还添上一条规则是："一根羽毛都不能动"，推测谁可能当冠军。

3. 观察画面，谈论在蝴蝶飞过来、小兔跳过来的时候，两个好朋友的表现，他们心里会念叨着怎样一句话。

三、尝试游戏，体验一根羽毛也不能动地坚持到底的情景

1. 大多数幼儿扮作天鹅和鸭子，两位幼儿扮作蝴蝶和兔子，玩一玩木头人的游戏。游戏过程中，蝴蝶和兔子努力在幼儿中转悠。

2. 谈论自己怎样做到不动，心里想着哪句话。（一根羽毛也不能动）

四、阅读故事（后段）

1. 这时来了一只狐狸，他一眼就看出鸭子和天鹅在做一根羽毛也不能动的游戏，就朝他俩走了过去。

2. 鸭子和天鹅看见狐狸走来仍然一动不动，他们心里想着什么？狐狸把他俩装进口袋他们怎样，狐狸开始烧水他俩又怎样，他们怎么还是一动不动呢？他们心里还在想着什么呢？

3. 狐狸烧开了水，抓起天鹅就往开水里放，这时，鸭子会怎样？

4. 观察画面描述鸭子救天鹅的情景。

5. 鸭子终于从狐狸的手中救下了天鹅，两个好朋友拥抱在一起。

五、理解讨论：体会友情的重要

1. 谁做到了一根羽毛也不动，得了冠军？

2. 鸭子怎么会得不了冠军？说一说他这样做的道理。

3. 在这场比赛中谁会是冠军中的冠军？天鹅紧紧地握住鸭子的手说："谢谢你救了我的命，你才是冠军中的冠军。"

4. 共同猜测书名：故事中重复最多的一句话"一根羽毛也不能动"。

## 附故事

### 一根羽毛也不能动

天鹅和鸭子是一对好朋友，要说比飞行，天鹅总是胜过鸭子，可是比游泳，当然鸭子领先，所以他俩时常互相佩服对方。

一天，他俩想进行一场做木头人的比赛，除了通常的规则以外还加上了一条：一根羽毛也不能动，谁坚持的时间长谁就是冠军。

说比就比，两个好朋友开始一动也不动地站着，心里不停地念叨"一根羽毛也不能动"。

一群蝴蝶飞来绕着鸭子转，天鹅想："这下鸭子要动了吧？"可是，鸭子一动也没有动。一群兔子跳了过来绕着天鹅转，鸭子想："这下天鹅要动了吧？"可是，天鹅也一动也没有动。就这样他们不停地默默念叨"一根羽毛也不能动"，不分胜负地站了很久很久。

这时，来了一只狐狸，一眼就看出鸭子和天鹅在做木头人的游戏，他想机会来了，连忙打开口袋，把鸭子和天鹅装进去。可是这两个家伙还在想着："一根羽毛也不能动"，任凭狐狸把他俩装进口袋也不动弹一下。到了狐狸家，狐狸打开口袋把他俩放了出来，然后开始往炉灶里放柴火，鸭子和天鹅一动不动地站着看狐狸烧水，心里还是想着"一根羽毛也不能动"。

狐狸烧了好大一锅开水，他想："先煮哪个吃呢？天鹅比鸭子大，就先吃天鹅吧。"他一把抓起天鹅，往锅里放。天鹅还是在心里念叨"一根羽毛也不能动"。就在天鹅被放进开水的一刹那，只见鸭子朝狐狸猛扑过来，在狐狸的鼻子上狠狠地咬一口，狐狸没有料到一动不动的鸭子怎么突然冲了过来，大吃一惊，疼得嗷嗷直叫，一松手放了天鹅，鸭子和天鹅齐心协力向狐狸扑去，狐狸招架不住，只好夺门而逃。

两个好朋友又拥抱在一起，鸭子说："这次你做到了一根羽毛都不能动，你是冠军。"天鹅紧紧地握住鸭子的手说："谢谢你救了我的命，友谊比比赛还要重要，你才是冠军中的冠军啊！"

# 5. 买菜（大班音乐活动）

执教：陈婪　指导：曹冰洁

## 活动目标

1. 初步探索两声部接唱的演唱方式，学着按照《买菜歌》的旋律和相应节奏接唱。
2. 丰富对蔬菜品种的了解，知道样样都吃身体好。

## 活动准备

蔬菜教具若干、音乐等。

## 活动过程

一、复习律动和歌曲，进一步感受律动的节奏和歌曲中轻响对比的唱法
1. 律动："可爱的小木偶"进场。
2. 复习歌曲《星期歌》。
3. 复习歌曲《菜园里的小火鸡》。
二、根据《买菜歌》的节奏与旋律，尝试两声部接唱的演唱方式
1. 复习演唱歌曲（荤菜部分）。
2. 教师与一位幼儿演示合作演唱，引导幼儿发现两声部接唱的特点。
（1）教师演唱接唱部分，幼儿探索发现不同于以前的演唱特点：在哪个音上接唱，怎样接。
（2）师生合作：幼儿通过与教师轮换担任奶奶和宝宝的角色，尝试合作接唱，体验接唱的多样方法。
3. 分组创编歌曲（蔬菜部分）。
（1）幼儿自由组合，小组商量买自己喜欢的蔬菜，并尝试将自选蔬菜嵌入歌曲说白部分。
（2）按歌曲节奏交流各组创编的说白内容。
4. 运用两声部接唱，并嵌入一个小组创编的说白，教师用蔬菜教具进行提示，共同合作演唱《买菜歌》。
三、欢乐舞
幼儿自由结伴，表现双人集体舞的优美舞姿和欢快的情绪。

## 附乐谱

# 6.鸭子骑车记（大班早期阅读活动）

执教：王竹君　指导：林剑萍

## 活动目标

1. 从图画书中寻找故事线索,感受鸭子尝试挑战、坚持不懈获得成功的快乐。
2. 关注画面细节,尝试用连贯清晰的语言进行表述。

## 活动准备

1. 儿童图画书《鸭子骑车记》人手一本。
2. 故事局部画面：(1)鸭子骑车时先后遇到的朋友；(2)鸭子骑车的各种动作。

## 活动过程

一、共同观看《鸭子骑车记》封面画面,引起阅读兴趣

1. 封面上有谁,它会有什么突发奇想?
2. 了解故事名称"鸭子骑车记",谈论：鸭子可能学会骑车吗?

二、自主阅读图画书,了解故事大意,寻找答案

1. 带着问题一页一页地翻阅,边翻阅边思考：鸭子究竟有没有学会骑车。
2. 交流从书中找到的答案。

三、师生共读,关注画面,梳理故事线索

(一)线索一：同伴的不同态度(局部画面图一)

1. 鸭子骑车时遇到了哪些动物朋友?
2. 教师根据图书中动物出现的先后顺序,结合幼儿的表述逐一出示小图片。
3. 这些朋友赞成鸭子骑车吗? 从该页画面和文字表述上了解动物朋友的态度。
4. 共同将以上图片按赞同与否进行归类。

(二)线索二：鸭子怎样学会骑车(局部画面图二)

1. 鸭子原来会不会骑车——从图画书上找出鸭子最初不会骑车时的动作。
2. 教师用局部画面图表示。
3. 鸭子是怎么学会骑车的,从图画书上找出鸭子的动作有什么变化。
4. 教师按图画书的顺序排列动作变化的过程(引导幼儿特别关注鸭子骑车动作的变化)。
5. 共同发现鸭子骑车从摇摇晃晃——稳稳当当——潇洒自如的过程。

(三)线索三：动物朋友的巨大改变

1. 提出问题：最初同伴们都不参加学骑车,后来呢? 再一次翻阅图画书,从最后一页中找到答案。
2. 动物们一开始不是都不赞同鸭子骑自行车的吗? 现在怎么也都骑上自行车了呢?
3. 动物朋友们从什么时候开始想学骑车了,连贯地翻阅最后几页,发现动物朋友看到许多小朋友飞速地骑车,都跃跃欲试,最终跳上了自行车的过程。

4.仔细翻看最后一页,发现动物朋友骑车的有趣情景。

四、情感迁移

1.鸭子学会骑车以后有没有新的想法? 从封四中发现鸭子又想学开拖拉机。

2.小朋友你们现在想些什么呢? 会不会和鸭子一样也有了奇妙的想法呢?

## ■ 附故事

### 鸭子骑车记

　　有一天在农场里,鸭子冒出一个疯狂的主意:"我打赌我会骑车!"他一摇一摆地走到男孩停着的自行车旁,爬上去,骑了起来。开始他骑得很慢,而且左摇右晃,但是很好玩!

　　鸭子骑过母牛身边,冲母牛招了招手。"你好,母牛!"鸭子说。"哞——"母牛应了一声。可她心里想:"一只鸭子在骑车? 这可是我见过的最愚蠢的事!"鸭子骑过绵羊身边。"你好,绵羊!"鸭子说。"咩——"绵羊应了一声。可她心里想:"要是不小心,他会受伤的!"

　　现在,鸭子骑得好多了。他蹬得快了一点,骑过马身边。"你好,马!"鸭子说。"嘶——"马应了一声。可他心里想:"鸭子,你还是没我快!"

　　鸭子一边按铃,一边朝母鸡骑过去。"你好,母鸡!"鸭子说。"咯! 咯!"母鸡应了一声。可她心里想:"你看着点路,鸭子!"

　　鸭子单脚站到车座上,骑过狗身边。"你好,狗!"鸭子说。"汪!"狗应了一声。可他心里想:"这可是真功夫啊!"

　　鸭子撒开车把,骑过老鼠身边。"你好,老鼠!"鸭子说。"吱——"老鼠应了一声。可他心里想:"我真想像鸭子那样骑车。"

　　突然,一大群孩子骑着自行车冲下路来。他们骑得特别快,谁也没有看到鸭子。他们把车停在门前,就进屋去了。

　　现在,所有动物都有自行车骑了! 他们在谷仓旁的空地上骑来骑去。"真好玩!"他们异口同声地说,"鸭子,你的主意真棒!"

　　他们把自行车放回屋旁。没有人知道,那天下午,曾经有一头母牛、一只绵羊、一匹马、一只母鸡、一只狗、一只老鼠和一只鸭子骑过自行车。

**图书在版编目(CIP)数据**

　一课一案：幼儿园优质案例汇编/李慰宜主编. —
上海：华东师范大学出版社,2011.1
　ISBN 978-7-5617-8388-7

　Ⅰ.① 一… 　Ⅱ.①李… 　Ⅲ.①幼儿园-教育活动-教
案(教育) 　Ⅳ.①G613

　中国版本图书馆 CIP 数据核字(2011)第 009701 号

一课一案——幼儿园优质案例汇编

主　　编　李慰宜
责任编辑　赵建军
审读编辑　刘　军
责任校对　邱红穗
装帧设计　卢晓红

出版发行　华东师范大学出版社
社　　址　上海市中山北路 3663 号　邮编 200062
网　　址　www.ecnupress.com.cn
电　　话　021-60821666 行政传真 021-62572105
客服电话　021-62865537 门市(邮购)电话 021-62869887
地　　址　上海市中山北路 3663 号华东师范大学校内先锋路口
网　　店　http://hdsdcbs.tmall.com

印 刷 者　上海商务联西印刷有限公司
开　　本　787×1092　16 开
印　　张　14.5
字　　数　286 千字
版　　次　2011 年 5 月第 1 版
印　　次　2018 年 12 月第 11 次
印　　数　38901—41000
书　　号　ISBN 978-7-5617-8388-7/G·4932
定　　价　39.00 元(附盘)

出 版 人　王　焰

(如发现本版图书有印订质量问题,请寄回本社客服中心调换或电话 021-62865537 联系)